AXEL MEYER

DIE KUNST VEGAN ZU BACKEN

FOTOS VON ROGGE & JANKOVIC FOTOGRAFEN

KOSMOS

INHALT

DIE KUNST VEGAN ZU BACKEN

Die Kunst des Backens 7
Wie alles begann 8

Vegan backen: Zutaten & Zubereitung ... 10
Zutaten, die gut für uns sind 12
Getreide: gutes Korn – gutes Mehl 16
Vollkorn macht schlank! 17
Der Kontakt zum Teig 19
Die Kunst des Knetens 21

Brötchen: feines Kleingebäck 22

Leichte Brote aus vollem Korn 42
Special: Aromen & Gewürze 52

Vollkornbrote mit Hefe & Sauerteig 60
Special: Sauerteig 68

Pizza, Flammkuchen & Co. 76
Special: Zeit für Ölwechsel 84

Kuchen & Torten 94
Special: Nüsse 106

Cookies & Muffins 122
Special: Zucker – die süße Droge 134

Ab jetzt vegan? 149
Glossar: Vegane Zutaten 152
Register 154
Impressum 160

DIE KUNST DES BACKENS
vegan & vollwertig

SEIT DER ENTDECKUNG DES FEUERS BACKEN DIE MENSCHEN. AUS GEMAHLENEM GETREIDE, WASSER UND SALZ ETWAS ZU BACKEN, IST EIN ARCHAISCHES BEDÜRFNIS, DAS UNS WÄHREND UNSERER GESAMTEN ENTWICKLUNGSGESCHICHTE BEGLEITET HAT. UND VIELLEICHT EIN GRUND, WESHALB SELBST GEBACKENES HEUTE NOCH SO VIEL FREUDE BEREITET.

Bereits in den Hochkulturen der Antike hat das Backen von Fladen, Broten und Kleingebäck eine wichtige Rolle gespielt. Neben der Töpferei war es das bedeutendste Handwerk, das je nach kultureller, religiöser oder traditioneller Prägung eines Volkes schon vor über 8.000 Jahren zur Kunst entwickelt wurde. Kein Wunder, denn das tägliche Brot zählt seit Jahrtausenden zu den Hauptnahrungsmitteln der Menschen aller Kulturen. Gab es genug Getreide, konnte auch genug Brot gebacken werden – gab es Missernten, mussten die Menschen hungern. So war das Brot schon damals ein Indikator für Gesundheit, Wohlstand oder Armut eines Volkes.

Früher bestand die Kunst des Backens darin, aus den wenigen zur Verfügung stehenden Mitteln einen möglichst schmackhaften großen Laib zu backen. Und aus möglichst wenigen vollwertigen und naturbelassenen Zutaten etwas einfach Gutes zu backen, das bewusste Reduzieren auf das Wesentliche, darin besteht für mich auch heute die Kunst des Backens.

Wer leckeres und gesundes Brot und Gebäck genießen möchte und keinen guten Bio-Bäcker in der Umgebung hat, der sollte sich einfach mal selbst in dieser Kunst versuchen. Gerade auch angesichts der Tatsache, dass viele Bäckereien heute oft nur noch Backwaren aus Fertigmischungen mit zahlreichen Zusatzstoffen verkaufen, uns mit Zuckercouleur braun eingefärbte Brote als vollwertig oder tiefgefrorene Teiglinge aus Fabriken als „frisch gebacken" anpreisen.

Es gibt also viele Gründe, wieder einmal den eigenen Backofen anzuschalten und etwas Köstliches aus dem vollen unbelasteten Bio-Korn, möglichst frisch gemahlen, zu backen. Das schmeckt und duftet nicht nur unvergleichlich gut, sondern es belebt auch unseren Körper und unsere Sinne, denn selbst zu backen erzeugt eine ganz andere Energie. Einfach mal ausprobieren, wie viel Freude es bereitet, sich und seinen Liebsten einen Flammkuchen zum Abendbrot, ein Urkorn-Baguette und frische Dinkelbrötchen zum Wochenend-Brunch, einen saftigen Apfelkuchen oder knusprige Cantuccini zum Kaffee zu backen.

WIE ALLES BEGANN
Die Geschichte eines Kultbuchs

ERSTMALS 1979 HANDGESCHRIEBEN IM EIGENVERLAG ERSCHIENEN, IST „DIE KUNST DES BACKENS" VIELE JAHRE DAS BUCH DER ERSTEN BIO-BÄCKER GEWESEN. MIT ÜBER 300.000 VERKAUFTEN EXEMPLAREN ZÄHLT ES HEUTE SCHON ZU DEN BACKBUCH-KLASSIKERN.

Während meiner Studienzeit habe ich immer wieder in Bioläden gebacken und damit meinen Lebensunterhalt verdient. Angefangen hat es genau genommen im Winter 1976, als ich, von einer Asienreise zurückgekehrt, dringend einen Job brauchte. Ein Freund, der einen Bioladen in Braunschweig belieferte, fragte mich, ob ich nicht Lust hätte, zu Weihnachten für diesen Laden Vollkorn-Stollen zu backen. Das Backen mit frisch gemahlenem vollem Korn war noch neu, kaum jemand hatte Erfahrung damit und Bücher dazu gab es noch keine. Es hatte sich in der Szene herumgesprochen, dass ich mit Vollkorn ganz gut umgehen konnte und wirklich leckere, nicht nur gesunde Backergebnisse erzielte. Also haben wir am Wochenende in unserer Land-WG die ersten Vollkornstollen gebacken. Sie schmeckten so gut, dass der Bioladen sofort 20 Stück orderte.

Dann kam Weihnachten, das Jahr ging zu Ende – und auch meine Stollen-Bäckerei. Doch der Bioladner hatte längst eine neue Idee. Ich sollte Brote backen, und zwar keine normalen Weiß- oder Graubrote, sondern Brote aus vollem Korn. Einige Brotrezepte hatte ich während der letzten Jahre schon ausprobiert und brauchte nun nur noch zu variieren, mit unterschiedlichen Getreidesorten, Triebmitteln und Gewürzen. Das waren spannende Zeiten und vor allem sehr kostbare Erfahrungen. In den zwei Jahren, während denen ich für das „Vollkorn" in Braunschweig gebacken habe, kamen von Kunden immer häufiger Anfragen nach meinen Brotrezepten, mit der Bitte, diese doch auf Matrize zu drucken. So kam mir die Idee, aus den Rezepten ein kleines Büchlein zu verfassen und im Eigenverlag aufzulegen. Als ich die Idee begeistert meinen Freunden erzählte, hielten mich alle für komplett durchgeknallt und lieferten auch gleich die entsprechenden Gründe dafür, warum das nichts werden konnte. Die Tatsache, dass ich mit 24 Jahren keinen Pfennig Geld für solche Experimente hatte, wog am schwersten. Doch irgendwie wollte ich mich nicht entmutigen lassen.

Also fing ich an, meine besten Rezepte für Brote mit Hefe, Sauerteig und Backferment, Brötchen, Kekse und Kuchen zusammenzustellen. Das Buch sollte mitten aus dem Leben kommen und dies sollte spürbar sein. Birgit, die Mutter meiner drei Kinder, bot sich an, die Rezepte mit der Hand zu schreiben, wodurch das Buch etwas sehr Persönliches bekam und zudem auch noch Satzkosten sparte. Der Kontakt zu einem Maler, der dazu Strichzeichnungen anfertigen wollte und sein Honorar erst nach dem Verkauf der ersten Auflage haben wollte, weil er das Projekt so spannend fand, kam genau zur richtigen Zeit.

Ebenso der Tipp eines kleinen Verlages, der mir einen alternativen Buchgroßhändler in Oldenburg empfahl, den ich umgehend aufsuchte, um mein fast fertiges Manuskript vorzustellen. Der Chef von Edition Wandlungen war begeistert und wollte sofort die Exklusivrechte des Buches für den deutschsprachigen Raum. Er bot mir einen Vorschuss von 10.000 DM und nannte mir gleich noch eine Druckerei in Oldenburg, die alternative Literatur und Sachbücher verlegte. Spätestens jetzt mag die Geschichte Assoziationen an Hans im Glück wecken – aber genau so war es. Die Druckerei wollte das Buch drucken, aber wegen meiner nicht vorhandenen Bonität mindestens 10.000 DM Anzahlung, den Rest in monatlichen Raten nach Erscheinen. Alles lief wie nach Plan, obwohl fast nichts geplant war.

Nun hatte ich bis dahin weder ein Buch geschrieben noch eines verlegt, ich war quasi ein Greenhorn. Und ich unterschrieb auch die Verträge völlig blauäugig, ohne juristische Prüfung. Auch jetzt warnten mich immer noch gute Freunde davor, für dieses Projekt ein so großes Risiko einzugehen. Was, wenn das Buch niemand haben wollte? Doch es kam anders: Das Buch wollte jemand haben, und zwar ganz viele Menschen.

1984 war gekommen, aber nicht so, wie viele Leser von George Orwells gleichnamigem Roman befürchteten, sondern ganz anders: Steve Jobs stellte seinen ersten revolutionären Apple Macintosh vor, der erste Fiat Uno lief vom Band, Andrei Sacharow trat in Hungerstreik, Roncalli hatte Uraufführung und Desmond Tutu erhielt den Friedensnobelpreis. Ansonsten rieb sich die Welt zu dieser Zeit des Kalten Krieges gerade an der Systemkonfrontation zwischen Kapitalismus und Kommunismus auf und hier in Deutschland gingen wir gegen die Stationierung der Mittelstrecken-Raketen auf die Straße.

Die Bioläden, die plötzlich wie Pilze aus dem Boden sprossen, wollten die verstaubten Reformhäuser reformieren und zeigen, was angesagt war: nicht immer mehr diätetische Ersatzprodukte, sondern unbehandelte, naturreine und vollwertige Lebensmittel, bevorzugt aus biologischem Anbau. Das war die Devise und in diesen Plan passte „das Backbuch", wie es kurz genannt wurde, hervorragend. Es unterstützte bereits damals den biologischen Anbau – soweit es Bio-Produkte gab – und war schon in der Erstauflage über 90 % vegan.

Es stand in fast jedem Bioladen und war längst zum Kultbuch einer ganzen Generation geworden. Nur einige vegane Läden wollten es wegen des Honigs, den ich in den Rezepten verwendete, nicht listen und hätten weißen Zucker bevorzugt. Doch mir liegt heute wie damals die Vollwertigkeit und Natürlichkeit unserer Lebensmittel besonders am Herzen, was auch in meinen Ernährungsbüchern zum Ausdruck kommt und was ich in meinen Seminaren und Workshops immer betont habe.

Nach dem Backbuch erschien bald mein zweites Buch, das Kochbuch „Köstlichkeiten der Pflanzenküche", weitere Bücher folgten. Eine grundlegende Überarbeitung des Backbuchs wurde zwar immer wieder überlegt, aber nicht in Angriff genommen – bis 2013. Nun schien mir der richtige Zeitpunkt für ein ganz neues veganes Vollwert-Backbuch gekommen zu sein: „Die Kunst, vegan zu backen", ohne Handschrift und Zeichnungen, dafür mit schönen Fotos, die hoffentlich das zum Ausdruck bringen, worum es mir immer ging: die Lebensfreude zu vermitteln, wenn wir ein Brot, ein Baguette oder Kuchen wirklich mit Liebe backen – und das Strahlen in den Augen, wenn es herrlich duftend aus dem Ofen kommt.

VEGAN BACKEN
Zutaten & Zubereitung

EIN KLEINER ÜBERBLICK ÜBER DIE WICHTIGSTEN ZUTATEN DER VOLLWERTBÄCKEREI UND EINE KURZE EINFÜHRUNG IN DIE KUNST DES KNETENS, DIE DABEI HELFEN SOLLEN, KÖSTLICHE KUCHEN, SÜSSES GEBÄCK UND – VIELLEICHT DAS ERSTE – SELBST GEBACKENE BROT STOLZ AUS DEM OFEN ZU HOLEN.

ZUTATEN
die gut für uns sind

JEDER MENSCH HAT EIN NATÜRLICHES GESPÜR FÜR DAS, WAS GUT FÜR IHN IST UND WAS NICHT. BEI VIELEN IST DIESE INTUITION, DIE BEI UNSEREN VORFAHREN SEHR STARK AUSGEBILDET WAR, LEIDER IM LAUFE DER ZEIT VERLOREN GEGANGEN.

Der Urmensch hat sich vor Millionen von Jahren von dem ernährt, was im Wald gewachsen ist. Das waren Beeren, Früchte, Pilze, verschiedene Wurzeln und Kräuter, die er intuitiv, ähnlich einem wilden Tier, erspürt und gefunden hat. Und wer den besten Riecher hatte, fand die größten Pilze und besonders aromatische Beeren, die ihn gestärkt und ihm Kraft gegeben haben. Im Prinzip ist dies heute noch so – nur hat sich das Umfeld etwas verändert. Statt im Wald auf Nahrungssuche zu gehen, geht der moderne Mensch im 21. Jahrhundert in den Supermarkt oder bestellt seine Nahrung online von zu Hause. Dabei spielt der Preis eine wichtige Rolle – bedauerlicherweise tun das die Inhaltsstoffe, die möglicherweise gut oder eben nicht so gut für unseren Organismus sind, aber eher selten. Viele verlassen sich dabei nicht auf ihr Gespür, sondern lassen sich von dem leiten, was sie aus der Werbung unterbewusst abgespeichert haben. Und in Deutschland ist es leider noch immer legal, mit Werbeclips für ungesunde und nachweislich gesundheitsschädliche Nahrungsmittel sehr viel Geld zu verdienen.

ÖKOLOGISCHER ANBAU

Der Kreislauf der normalen Nahrungsproduktion beginnt auf dem Acker – mit dem Einsatz giftiger Spritzmittel wie Pestiziden, die durch Untersuchungen immer öfter als Rückstände nachgewiesen werden. Sie werden, ebenso wie Wachstumsbeschleuniger und Düngemittel, tonnenweise verspritzt. Und das, obwohl es schon lange keinen deutschen Trinkwasserbrunnen mehr gibt, der nicht Spuren des hochgiftigen krebserregenden Atrazins und anderer gesundheitsgefährdender Stoffe aufweist. Bereits in den 1970er Jahren haben namhafte Wissenschaftler diese Entwicklung prophezeit und mit Nachdruck davor gewarnt. Obst und Gemüse aus konventionellem Anbau enthält mittlerweile fast immer irgendwelche Spuren dieser Stoffe – im Gegensatz zu Obst und Gemüse aus zertifiziertem Bio-Anbau.

BIO – AUS LIEBE ZUR NATUR!

Das Angebot an biologisch erzeugten Produkten ist in den letzten Jahren stetig gewachsen und bietet mittlerweile eine Auswahl, die mit der konventionell produzierter Nahrungsmittel mithalten kann. Viele Menschen haben jedoch noch immer Vorbehalte und fragen sich: „Muss es denn immer Bio sein?" Oft wird mit dem höheren Preis argumentiert und häufig pauschal auf die letzten Lebensmittelskandale verwiesen. Tatsächlich sind die Preisunterschiede oft nur noch marginal und die Skandale betreffen zum überwiegenden Teil Nahrungsmittel aus konventionellem Anbau. Und sind mal Bio-Produkte dabei, dann handelt es sich meist um das neue EU-Bio bzw. „Discount-Bio".

WAS IST BIO?

Ist Bio ein anhaltender Trend oder nur eine vorübergehende Modeerscheinung? Ich sage immer: Bio ist Omas Gemüsegarten – nicht mehr, aber auch nicht weniger! Wer nicht das Glück hat, einen eigenen Gemüsegarten zu besitzen, der hat oder hatte vielleicht eine Oma mit Garten, die leidenschaftlich Gemüse und Obst anbaut, pflegt und hegt. Und er weiß oder kann sich zumindest noch erinnern, wie gut frische Tomaten, knackige Möhren oder selbst gepflückte Äpfel schmecken. Um es auf den Punkt zu bringen: Früher waren Lebensmittel unverfälscht und hatten noch ihren charakteristischen Geschmack – und genau das ist Bio heute, nur in etwas größerem Stil. Mit viel persönlichem Einsatz, Hingabe und Leidenschaft arbeiten auf vielen regionalen Bio-Höfen Menschen, die sich verantwortlich fühlen und mithelfen, im großen Stil schmackhafte und gesunde Lebensmittel zu kultivieren, zu ernten und zu verarbeiten. Und das ganz ohne Pestizide, Herbizide, Fungizide und sonstige Pflanzengifte.

BIO ALS ÜBERLEBENSSTRATEGIE

Durch die bewusste Entscheidung für Lebensmittel aus kontrolliert biologischem Anbau tun wir nicht nur Gutes für unseren eigenen Körper und den unserer Kinder, sondern wir unterstützen damit gleichzeitig den Erhalt der Artenvielfalt, sauberer Luft, unbelasteter Böden und die Trinkwasser-Reserven für uns und zukünftige Generationen. In Deutschland ist erfreulicherweise der überwiegende Teil der Bevölkerung gegen jeglichen Einsatz von Gentechnik in der Landwirtschaft und das kann derzeit nur noch bei Bio-Lebensmitteln wirklich garantiert werden.

Bio ist also kein Trend, sondern in unserer Zeit zur absoluten Notwendigkeit geworden und vielleicht die einzige Überlebensstrategie.

VOLLWERTKOST

Die Anbauweise ist also der erste Scheidepunkt für Lebensmittel und Zutaten, die gut und gesund für uns sind – oder eben nicht. Gefolgt von der Vollwertigkeit der Lebensmittel, was bedeutet, dass diese so natürlich wie möglich sein sollten. Denn jeder Verarbeitungsschritt reduziert die enthaltenen Vitalstoffe. Am Beispiel eines Apfels lässt sich das ganz einfach verdeutlichen.

VOM APFEL ZUM APFELMUS

Ein unbehandelter Apfel direkt vom Baum schmeckt am besten und enthält alle Vitalstoffe wie Vitamine, Spurenelemente und Mineralstoffe in der Zusammensetzung, wie sie die Natur für uns bestimmt hat. Schon an einem – wegen der besseren Verdauung z. B. für Babys – fein geriebenen Apfel wird die Veränderung an der braunen Färbung erkennbar. Die luftempfindlichen Vitamine sind durch den Sauerstoffeinfluss oxidiert und dadurch unwirksam. Weitere Verarbeitungsschritte wie Schälen, Erhitzen und anschließendes Pürieren mit zusätzlichem Zuckern ergeben dann ein Apfelmus, das kaum noch relevante Mengen an Vitalstoffen enthält. Bei einem gekauften Produkt gibt zudem ein Blick auf die Zutatenliste Aufschluss über die Art und Menge der eingesetzten Inhalts- und Zusatzstoffe (Farb- und Konservierungsstoffe), die mengenmäßig in absteigender Reihenfolge aufgelistet werden müssen. So wird erkennbar, ob das Apfelmus hauptsächlich aus Äpfeln besteht oder aus Zucker. Viele Hilfs- und Zusatzstoffe – teils durch E-Nummern abgekürzt – befinden sich am Ende der Zutatenliste und sind häufig verantwortlich für Unverträglichkeiten und Allergien. Gerade auch die in Süßigkeiten enthaltenen Weichmacher sind bereits seit vielen Jahren dafür bekannt, ein entscheidender Auslöser von ADHS bei Kindern zu sein.

VOLLWERTIGE LEBENSMITTEL

Es gilt also die Devise: Je weniger ein Lebensmittel behandelt und verarbeitet wurde, desto besser.

VOLLKORN Bei Getreide bedeutet das, Vollkornmehl und Vollkornschrot zu verwenden, wo immer dies möglich ist (siehe dazu Seite 16). Und wenn wir ein frisch gebackenes Baguette genießen, dann empfiehlt es sich bei einer ausgewogenen Ernährung, dazu einen frischen Aufstrich, eine selbst kreierte Gemüsepaste, frische Tomaten, Gurken oder Radieschen zu essen.

NÜSSE Bei Kuchen und Keksen bieten sich in der veganen Vollwertkost besonders alle Nüsse und Kerne an – vorausgesetzt natürlich, es besteht keine Allergie. Nüsse schmecken nicht nur gut und sind extrem gesund, sondern sie eignen sich auch hervorragend zum Backen mit Vollkornmehl (siehe dazu Seite 107).

ZUCKER Um die Backwaren zu süßen, gibt es statt weißem Industriezucker verschiedene gesunde Alternativen wie unraffinierten braunen Rohrohrzucker, diverse Sirups, Dicksäfte und natürlich Trockenfrüchte wie Aprikosen, Datteln, Feigen etc. (siehe dazu auch Seite 135).

SALZ

Da das handelsübliche raffinierte Kochsalz, das die meisten Menschen täglich verwenden, auch in jedem Fertiggericht und Nahrungsmittel enthalten ist, mit Ausnahme von frischem Obst und Gemüse sowie allen Bio-Lebensmitteln, hat die Entscheidung für ein alternatives, richtiges Salz schon eine gewisse Bedeutung.

KOCHSALZ Es ist das Endprodukt eines langen aufwendigen chemischen Verfahrens mit zahlreichen für Mensch und Natur problematischen Chemikalien. Das schneeweiße feine Salz ist nur noch chemisch reines Natriumchlorid und enthält darüber hinaus auch oft andere, nicht gesundheitsfördernde Chemikalien, z. B. Rieselhilfen wie Aluminiumhydroxid. Und auch umstrittene Zusatzstoffe wie Jod- und Fluorverbindungen, die als Vorbeugung gegen Erkrankungen der Schilddrüse und zur Karies-Prophylaxe deklariert werden und dem Salz ein gesundes Image verleihen sollen.

MEERSALZ Bei der richtigen Entscheidung für ein unbehandeltes, naturbelassenes Salz muss heute leider berücksichtigt werden, dass die Meere zunehmend belasteter und verschmutzter werden. Dennoch ist ein naturbelassenes Meersalz aufgrund der Mineralstoffe in jedem Fall Kochsalz vorzuziehen.

STEINSALZ Ich persönlich verwende neben Meersalz auch naturbelassenes Steinsalz, sogenanntes „Ur-Salz". Es ist über 200 Millionen Jahre alt und tief und sicher vor Verschmutzung in der Erde versteckt. Es ist das Salz der Urmeere und enthält neben Natriumchlorid noch lebenswichtige Mineralstoffe wie Calcium, Magnesium und Kalium.

GETREIDE
Gutes Korn – gutes Mehl

WELCHES MEHL WIR VERWENDEN, IST NICHT NUR ENTSCHEIDEND FÜR DIE BACKEIGENSCHAFTEN DES TEIGS, SONDERN AUCH FÜR DEN GESCHMACK VON BRÖTCHEN, BROT, KUCHEN UND GEBÄCK.

Weltweit gibt es derzeit sieben bedeutende Getreidesorten. In unseren gemäßigten Klimazonen sind es Roggen, Gerste, Hafer und Weizen sowie dessen Unterarten Dinkel, Emmer, Einkorn, Kamut und Hartweizen. In den wärmeren Regionen wie Afrika wird bevorzugt Hirse, in Südamerika Mais und in Asien Reis angebaut.

WEIZEN
Das Universalgetreide zeichnet sich durch milden Geschmack und viel Klebereiweiß (Gluten) aus, das für glatte, elastische Teige sorgt. Der Weizen, wie wir ihn heute kennen, ist im Lauf der Jahrtausende aus dem „Urkorn" (Emmer) entstanden, das sich durch ständige Kreuzung weiterentwickelt und vermehrt hat.
Für Brötchen und Brote setze ich auch gern die Weizensorten **Kamut** und **Emmer** ein, durch die das Gebäck einen sehr charakteristischen Geschmack bekommt. Die großen honigfarbenen Kamut-Körner, die mit dem Hartweizen verwandt sind, enthalten besonders viel Gluten und schmecken sehr würzig. Emmer schmeckt kräftig und nussig.

ROGGEN
Sein herzhafter Geschmack macht ihn zum idealen Getreide für Brot, das auch länger frisch bleibt als Weizenbrot. Allerdings enthält Roggen Stoffe, welche die Teiglockerung verhindern, deshalb wird er mit Sauerteig verarbeitet.

DINKEL
Eine Zwischenstufe zwischen Urkorn und Weizen ist der Dinkel, der immer beliebter wird und für manche Allergiker besser verträglich ist als Weizen. Dinkel ist das ideale Korn für die vollwertige vegane Backstube, da es sehr gut schmeckt, viele wertvolle Vitalstoffe enthält und sich leicht verbacken lässt. Am besten den ganzen Dinkel kaufen und in der eigenen Getreidemühle vor dem Backen fein mahlen. Das ergibt ein frisches, duftendes Vollkornmehl, das noch den ernährungsphysiologisch wichtigen Keimling enthält und auch den Großteil der natürlichen Vitalstoffe wie Spurenelemente, Mineralstoffe und Vitamine. Durch den hohen Kleberanteil lässt sich frisch gemahlenes Dinkelvollkornmehl noch besser verbacken als Weizenmehl.

FÜR KUCHEN & GEBÄCK

Auch süße Kuchen, Torten und Kleingebäck gelingen hervorragend mit fein gemahlenem Mehl aus ganzem Korn, mit wenigen Ausnahmen wie zum Beispiel Croissants oder Biskuit. Hier muss man dennoch nicht gleich auf vitalstoffarm umsteigen, sondern meist reicht schon ein Ausmahlungsgrad vom Typ 1050, in dem dann immerhin noch einige Ballast- und Vitalstoffe enthalten sind.

GETREIDEMÜHLE

Sehr empfehlenswert für die häusliche Vollkornbäckerei ist eine eigene Getreidemühle. Sie kostet nicht sehr viel, bietet aber viele Vorteile – insbesondere für Familien mit Kindern, und zwar nicht nur zum Backen. Denn die unterschiedlichen Getreidekörner lassen sich im Gegensatz zu Mehl gut lagern und können, frisch gemahlen, nicht nur für Brote und Kuchen, sondern auch für Pfannkuchen, Breie und als Schrot für Müsli verwendet werden. Ideal sind Getreidemühlen mit Steinmahlwerk, da sie das Getreide am schonendsten vermahlen. Eine Getreidemühle amortisiert sich recht schnell, da das ganze Getreidekorn günstiger ist als das gemahlene Mehl. Wer keine eigene Mühle hat, kann Getreide in fast jedem Bioladen kostenlos frisch mahlen lassen. Oder man verwendet bereits gemahlenes Mehl.

VOLLKORN MACHT SCHLANK

Wer gut kaut, bleibt fit und schlank – doch das funktioniert nur mit naturbelassener, vollwertiger Nahrung. Beim Kauen findet der erste Verdauungsschritt statt: Während die Nahrung zerkleinert und mit Speichel versetzt wird, wird sie gleichzeitig enzymatisch aufgespalten. „Gut gekaut ist halb verdaut" lautet zu Recht ein altes Sprichwort. Doch wie will man Fastfood wie Pommes, Burger, Chips & Co., die schon fast von allein auf der Zunge zergehen, gut kauen? Das gilt auch für alle Weißbrote und Produkte mit Auszugsmehlen. Sie sind, ohne jegliche Ballaststoffe, so kalorienreich und komprimiert, dass, obwohl der Magen erst zu einem Drittel gefüllt ist und wir noch keinerlei Sättigungsgefühl spüren, die entsprechende Kalorienmenge für eine Mahlzeit bereits weit überschritten ist. Wir kauen nicht, sondern schlingen das „Unkaubare" in uns hinein, und sind wir endlich satt, haben wir meist ein Vielfaches an Kalorien aufgenommen.

Ganz anders ist das bei naturbelassenem Getreide, frischem Obst und Gemüse. Denn je vollwertiger unsere Ernährung ist, desto gesünder, wohlschmeckender und auch kalorienschonender ist sie. Bei Gebäck aus dem vollen Korn erzeugen die Ballaststoffe der Schale ein schnelleres Sättigungsgefühl – und man bleibt auch länger satt.

Einfach mal ausprobieren: Das bewusste, lange Kauen und die damit verbundene dankbare Aufnahme der Nahrung sind der Schlüssel zu Lebendigkeit, Vitalität und Lebensfreude. Und in Kombination mit Bewegung – möglichst in frischer Luft – kann das gute Kauen vollwertiger Lebensmittel tatsächlich beim Abnehmen helfen.

DER KONTAKT ZUM TEIG
das Fingerspitzengefühl

UM GUTES BROT ODER SÜSSES GEBÄCK AUS VOLLEM KORN BACKEN ZU KÖNNEN, WIRD ETWAS FINGERSPITZENGEFÜHL BENÖTIGT. DER KONTAKT ZUM TEIG UND DIE RICHTIGE KNET-TECHNIK GEBEN UNS DIE SICHERHEIT FÜR EIN GUTES GELINGEN.

Die wichtigste Grundvoraussetzung beim Backen ist, wie auch beim Kochen, die innere Einstellung, die Gemütsverfassung. Auch wenn dies esoterisch klingen mag, tatsächlich backen wir unsere Freude und Begeisterung ebenso in den Teig wie Frust oder Ärger. Um gutes, gesundes und köstliches Gebäck mit Freude und auch Stolz aus dem Ofen holen zu können, bedarf es der richtigen Einstellung und Stimmung, in der es auch gelingt, einen Kontakt zum Teig herzustellen. Wenn wir uns ausgelaugt fühlen, oder uns über irgendetwas geärgert haben, ist es besser, nicht zu backen. Doch mit Freude etwas Neues zu kreieren, erzeugt eine ganz eigene Energie. Auf diese gilt es sich zu konzentrieren und sich von ihr leiten zu lassen.

Die Aufmerksamkeit für den Teig ist immens wichtig, denn er verhält sich jedes Mal etwas anders. Und das hängt nicht nur von unserer persönlichen Stimmung ab, sondern auch von den Temperaturen, dem Luftdruck, ja sogar von den Mondständen bzw. Mondphasen. So wie der Mond das Meer durch Ebbe und Flut beeinflusst, so beeinflusst er auch die Ruhephasen beim Brotbacken.

Deshalb ist es so wichtig, ein Gefühl für den Teig zu entwickeln und einen Kontakt zu ihm aufzubauen. Nur das gibt uns die Sicherheit, jetzt ist der Teig gut, jetzt kann ich ihn in den Ofen schieben, obwohl die vorgegebene Ruhephase noch nicht vorbei ist. Und das gilt nicht nur fürs Backen von Broten, sondern auch von Kuchen und Keksen. Hier ist es oft noch wichtiger, die richtige Konsistenz eines Mürbe- oder Rührteigs zu erkennen, denn veganes Backen mit vollen Korn ist für viele Menschen Neuland.

TEIG KNETEN

Neben dem Kontakt zum Teig ist das Kneten die bedeutendste Handfertigkeit, die das Backergebnis entscheidend beeinflusst. Ich knete alle Brote, Brötchen und auch die meisten Kuchen mit meinen Händen. Der Kontakt zum Teig ist mir wichtig und gibt mir das sichere Gefühl den richtigen Augenblick zu erspüren, der für die nächste Phase optimal ist.

Ob ein einfacher Hefeteig, ein Blätterteig oder Mürbeteig, das Geheimnis eines perfekten Gebäcks liegt in der Kunst des Knetens (siehe Seite 21). Diese Technik kann jeder mit etwas Übung erlernen, einfacher und schneller geht es aber, wenn man die Tipps und Tricks beherzigt, die ich auf dieser Seite zusammengestellt habe.

BROT BACKEN

Brote lieben Unterhitze, deshalb bäckt man sie am besten auf der unteren Schiene. In meinem Backofen allerdings gelingen sie am besten mit Umluft. Bei den Backöfen der Bäcker besteht zusätzlich die Möglichkeit, beim Einschieben des Brotes „Dampf zu geben", was ein normaler Küchenherd nicht schafft. Ein eingestelltes Schälchen mit heißem Wasser bringt nicht wirklich diesen Dampfeffekt, deshalb verzichte ich in meinen Rezepten darauf. Nach dem Backen kann man mit dem sogenannten „Klopftest" überprüfen, ob Brot oder Brötchen wirklich gut durchgebacken sind. Klingt es hohl, wenn man mit einem Finger auf die Unterseite des Brotes klopft, ist es fertig

[1]

[2]

[3]

[4]

[5]

[6]

[7]

[8]

DIE KUNST DES KNETENS

[→1 und 2] Die abgewogenen Zutaten werden in einer ausreichend großen Schüssel mit einer Hand gut vermengt, während die andere den Schüsselrand hält. Bei Hefeteigen drückt man eine Mulde in das Mehl und löst darin zunächst die Hefe in etwas handwarmem Wasser auf. Dann nach und nach das restliche Wasser dazugegeben, am besten über die knetende Hand gießen, damit sie schön sauber bleibt. Ist das Wasser zu heiß, beginnt der Teig leicht zu kleben und der Gärprozess kann umkippen. Zu kaltes Wasser schadet zwar nicht, verlängert aber die Ruhephase, da die Gärung später einsetzt.

DIE ERSTE KNETPHASE

[→3 und 4] Das Entscheidende beim Kneten eines Teiges ist die Führung der Hände. Sind alle Zutaten vermengt, wird der Teig mit den Fingern der einen Hand zum Körper hingezogen und dann mit dem Handballen wieder nach unten weggedrückt. Es wird also immer der Teigrand nach oben gezogen, umgeschlagen und wieder mit dem Handballen nach unten gedrückt. Ganz wichtig ist der jeweilige direkte Kontakt zum Teig: Die Finger greifen nicht tief und lange in den Teig, sondern berühren ihn immer nur sehr kurz. Dadurch wird er schnell schön glatt und elastisch. Hand und Schüssel bleiben sauber.

Wichtig zu wissen: wir kneten den Teig mehr oder weniger trocken, d.h. er saugt während des Knetens das Wasser auf. Stimmen Wassermenge und Knet-Zeit, ist ein Dinkel- oder Weizen-Hefeteig nach ca. 5 Minuten schön geschmeidig und zeigt bei frisch gemahlenem Mehl sogar schon eine gewisse Elastizität. Bei Teigen mit Roggen, Hafer oder Gerste ist dies weniger der Fall, da diese Mehle im Kern kein Klebereiweiß enthalten, das für den Zusammenhalt des Teiges sorgt.

Beginnt der Teig bereits anfangs stark zu kleben, ist er meist zu feucht. In diesem Fall etwas Mehl über den Teig, zwischen Teig und Schüssel und über die knetende Hand geben und unterkneten.

Schlägt der Teig im Anfangsstadium bereits Falten beim Übereinanderschlagen, ist er meistens zu trocken. In diesem Fall geben wir etwas Wasser über die Handfläche und kneten mit befeuchteter Hand weiter, bis er geschmeidig wird. Lieber 5 Minuten dynamisch kneten, als 10 Minuten im Schneckentempo.

[→5] Mit etwas Übung erfolgt das Kneten spielerisch: Die linke Hand dreht den Schüsselrand im Uhrzeigersinn und es entsteht eine harmonische Kreisbewegung, die es erlaubt, dynamisch, aber dennoch entspannt zu kneten. Das ist wichtig für die weiteren Gär- und Ruhephasen des Teiges und wird hinterher auch am Backergebnis sichtbar.

[→6] Nach dem ersten Knetvorgang lwässt man den Teig zugedeckt an einem warmen oder auch kalten Ort (je nach Teig und Triebmittel) ruhen.

DIE ZWEITE KNETPHASE

Bei vielen Hefeteig-Rezepten gebe ich erst nach der ersten Ruhephase etwas Öl und Meer- oder Steinsalz dazu und knete es in der Schüssel unter. Hintergrund ist, dass Salz den Gärprozess ungünstig beeinflusst.

[→7] Dann wird der Teig aus der Schüssel geholt und „aufgemacht". Hier gehen Kneten und Formen des Laibes ineinander über – zumindest, wenn das Brot frei geschoben und nicht in einer Form gebacken wird. Dabei machen beide Hände eine ähnliche Bewegung wie beim einhändigen Kneten: Zunächst wird der Teig etwas platt gedrückt, dann mit beiden Händen von hinten zu sich hochgezogen, mit den Handballen übergeschlagen und in die Teigmitte eingeknetet. Diese Bewegung wird mehrere Male wiederholt. Zwischendurch die Arbeitsfläche mit etwas Mehl bestäuben, damit der Teig nicht zu kleben beginnt.

[→8] Zum Schluss den Teig umschlagen, mit der Naht nach unten auf ein bemehltes Blech setzen, sodass eine schöne Oberflächenspannung entsteht. Das Brot einschneiden und nochmals bedeckt ruhen lassen.

BRÖTCHEN
feines Kleingebäck

ÜBERRASCHEN SIE IHRE LIEBEN AM WOCHENENDE DOCH MAL MIT SELBST GEBACKENEN KNUSPRIGEN BRÖTCHEN ZUM FRÜHSTÜCK. DAS GEHT GANZ SCHNELL UND EINFACH!

BRÖTCHEN
das Grundrezept

FÜR BACKANFÄNGER GIBT ES HIER EINE GENAUE ANLEITUNG – DAMIT DIE ERSTEN SELBST GEMACHTEN BRÖTCHEN EIN VOLLER ERFOLG WERDEN.

Zutaten für 16 Brötchen

500 g Weizenvollkornmehl

1 Päckchen Bio-Trockenhefe (9 g) oder 1 Würfel Bio-Frischhefe (42 g)

ca. 375 ml Wasser

evtl. 1 TL Rohrohrzucker oder Reissirup

2 EL natives Sonnenblumenöl

1 geh. TL Meer- oder Steinsalz

evtl. 50 g Körner oder Samen zum Bestreuen

Zeitbedarf
- 20 Minuten
- 40 Minuten ruhen
- 15 Minuten backen

So geht's

1. Das möglichst frisch gemahlene Weizenvollkornmehl in eine Schüssel geben, in die Mitte eine Mulde drücken und darin die Hefe in etwas lauwarmem Wasser auflösen. Das Wasser sollte nicht heiß sein, da der Gärprozess sonst kippen kann und der Teig zu kleben beginnt. Nach und nach das restliche lauwarme Wasser dazugeben und alle Zutaten dynamisch, aber entspannt zu einem glatten Teig kneten. Dabei ist es von Vorteil, wenn das Wasser über die knetende Hand gegossen wird, weil der Teig dann nicht so schnell zu kleben anfängt. Der Teig ist optimal, wenn er weder an der Hand noch am Schüsselrand klebt. Sollte der Teig kleben, etwas Mehl zwischen Teig und Schüssel streuen und weiterkneten.

2. Mit einem Tuch bedecken und an einem warmen Ort 20–30 Minuten gehen lassen. Ein TL Rohrohrzucker oder Sirup kann den Gärprozess beschleunigen, verbessert aber nicht das Backergebnis. Die optimale Ruhezeit ist von der Zimmertemperatur abhängig. Je wärmer es ist, desto schneller ist der Teig bereit zur weiteren Bearbeitung. Offene Fenster und Durchzug vermeiden.

3. Nach der ersten Ruhephase sollte der Teig gut gelockert und spürbar elastisch sein. Dafür den Fingerkuppen-Test machen: Den Teig leicht mit der Fingerkuppe ca. 1 cm tief eindrücken. Kommt die eingedrückte Stelle nur noch etwas (ca. 3 mm) zurück, ist der Teig ideal gelockert und kann weiterverarbeitet werden. Kommt sie vollständig zurück, sollte er noch weiter gehen. Bleibt die Stelle unverändert eingedrückt, muss der Teig schnellstens weiterverarbeitet werden, da er sonst „rasch" wird, d. h., die Gärung droht umzukippen.

4. Das Öl und das Salz unter den aufgegangenen Teig geben und glatt kneten. Den Teig aus der Schüssel nehmen, auf einer bemehlten Arbeitsfläche nochmals mit beiden Händen kurz durchkneten und zu einer Teigrolle formen. In 16 gleich große Stücke teilen und Brötchen formen [→a+b]. Ein Backblech bemehlen, die Brötchen daraufsetzen, evtl. mit einem Messer einritzen und nochmals 5–15 Minuten gehen lassen. Den Backofen auf 220 °C (Umluft 200 °C) vorheizen.

5. Die Brötchen im vorgeheizten Backofen in 12–15 Minuten goldbraun backen.

[a]

[b]

SO gelingt's SICHER

[a] BRÖTCHEN FORMEN Die Teigstücke zügig in beiden Händen durch kreisförmiges Drehen zu Kugeln rollen, bis der Teig zu kleben beginnt. Anschließend eventuell zu länglichen Brötchen formen.

[b] WÄLZEN Die geformten Teigstücke, die sogenannten „Rohlinge", nach Belieben in Mohn, Sesam oder anderen Körnern und Samen wälzen.

MOHNBRÖTCHEN
mit Haselnüssen

Zutaten für 16 Brötchen

- 150 g Weizenmehl Typ 1050
- 350 g Dinkelvollkornmehl
- 1 Päckchen Bio-Trockenhefe
- 375 ml Wasser
- 100 g Mohn zum Wälzen
- 2 EL natives Sonnenblumenöl
- 1 geh. TL Meer- oder Steinsalz
- 16 Haselnüsse zum Dekorieren

Zeitbedarf

- 20 Minuten
- 40 Minuten ruhen
- 15 Minuten backen

So geht's

1. Weizen- und Dinkelvollkornmehl in eine Schüssel geben, in die Mitte eine Mulde drücken und darin die Hefe in etwas lauwarmem Wasser auflösen. Nach und nach das restliche lauwarme Wasser dazugeben und zu einem glatten Teig kneten. Zugedeckt an einem warmen Ort 20–30 Minuten gehen lassen.

2. Ein Backblech bemehlen oder mit Backpapier auslegen. Den Backofen auf 220 °C (Umluft 200 °C) vorheizen. Den Mohn in eine kleine Schale geben.

3. Nach der ersten Ruhephase Öl und Salz zum Teig geben und geschmeidig kneten. Den Teig aus der Schüssel nehmen, auf einer bemehlten Arbeitsplatte nochmals mit beiden Händen kurz kneten und zu einer Rolle formen.

4. Die Rolle in 16 gleich große Stücke teilen. Diese zügig in beiden Händen durch kreisförmiges dynamisches Drehen zu Kugeln rollen. In Mohn wälzen und auf das Blech setzen. Mit einem Messer sternförmig einschneiden und in der Mitte mit einer Haselnuss verzieren. Nochmals 5–10 Minuten gehen lassen.

5. Die Brötchen im vorgeheizten Backofen auf der unteren Schiene in 12–15 Minuten goldbraun backen.

KNUSPERBRÖTCHEN
knackig & gesund

Zutaten für 16 Brötchen

- 400 g Dinkelvollkornmehl
- 50 g Roggenfeinschrot
- 1 Päckchen Bio-Trockenhefe
- 335 ml Wasser
- 200 g Sonnenblumenkerne oder Kürbiskerne
- 2 EL natives Sonnenblumenöl
- 1 geh. TL Meer- oder Steinsalz

Zeitbedarf

- 20 Minuten
- 40 Minuten ruhen
- 15 Minuten backen

So geht's

1. Dinkelvollkornmehl und Roggenfeinschrot in eine Schüssel geben, in die Mitte eine Mulde drücken und darin die Hefe in etwas lauwarmem Wasser auflösen. Nach und nach das restliche lauwarme Wasser und $2/3$ der Kerne dazugeben, zu einem glatten Teig kneten. Zugedeckt an einem warmen Ort 20–30 Minuten gehen lassen. Die restlichen Kerne in eine kleine Schale geben.

2. Ein Backblech bemehlen. Den Backofen auf 220 °C (Umluft 200 °C) vorheizen.

3. Nach der ersten Ruhephase Öl und Salz unter den Teig kneten. Den Teig aus der Schüssel nehmen, auf einer bemehlten Arbeitsfläche nochmals mit beiden Händen kurz kneten und zu einer Teigrolle formen.

4. Die Rolle in 16 gleich große Stücke teilen, zügig in beiden Händen zu Kugeln rollen, in den Kernen wälzen und auf das Blech setzen. Nochmals 5–10 Minuten gehen lassen.

5. Die Brötchen im vorgeheizten Ofen auf der unteren Schiene in 12–15 Minuten goldbraun backen.

DINKELBRÖTCHEN
die leckeren Klassiker

Zutaten für 16 Brötchen

500 g Dinkelvollkornmehl

1 Päckchen Bio-Trockenhefe

375 ml Wasser

2 EL natives Sonnenblumenöl

1 geh. TL Meer- oder Steinsalz

evtl. 50 g Kerne oder Saaten (z. B. Sesam) zum Wälzen

Zeitbedarf
- 20 Minuten
- 40 Minuten ruhen
- 15 Minuten backen

So geht's

1. Das Dinkelvollkornmehl in eine Schüssel geben, in die Mitte eine Mulde drücken und darin die Hefe in etwas lauwarmem Wasser auflösen. Nach und nach das restliche lauwarme Wasser dazugeben, zu einem glatten Teig kneten. Zugedeckt an einem warmen Ort 20–30 Minuten gehen lassen.

2. Ein Backblech bemehlen oder mit Backpapier auslegen. Den Backofen auf 220 °C (Umluft 200 °C) vorheizen.

3. Nach der ersten Ruhephase Öl und Salz unter den Teig kneten. Den Teig aus der Schüssel nehmen, auf einer bemehlten Arbeitsfläche nochmals mit beiden Händen kurz kneten und zu einer Rolle formen.

4. Die Rolle in 16 gleich große Stücke teilen, zügig in beiden Händen durch kreisförmiges Drehen zu Kugeln rollen, dann zu länglichen Brötchen formen. Nach Belieben in Körnern wälzen, auf das Blech legen und mit einem Messer längs einritzen. Nochmals 5–10 Minuten gehen lassen.

5. Die Brötchen im vorgeheizten Backofen auf der unteren Schiene in 12–15 Minuten goldbraun backen.

SO SCHMECKT'S AUCH | HELLE DINKELBRÖTCHEN Dafür 250 g Dinkelmehl Typ 630 mit 200 g Dinkelvollkornmehl mischen und mit 350 ml lauwarmem Wasser nach Rezept zubereiten. 8–12 Brötchen formen, nach Belieben in Körnern wälzen oder mit der Oberseite kurz in Mehl drehen und goldbraun backen.

[a]

So *gelingt's* SICHER

[a] **KRANZ FORMEN** Den ersten Teig-Rohling in die Mitte des Blechs setzen, die anderen rundherum dicht anschließen, dabei darauf achten, dass der Körnerbelag immer abwechselt.

BRÖTCHENKRANZ
mit Kernen & Samen

SIEHT AUS WIE EIN KUNSTWERK, IST ABER KEIN HEXENWERK –
HIER IST FÜR JEDEN EIN BRÖTCHEN NACH SEINEM GESCHMACK DABEI.

Zutaten für 20 Brötchen

- 350 g Dinkelvollkornmehl
- 100 g Kamutmehl
- 50 g Roggenfeinschrot
- 1 Päckchen Bio-Trockenhefe
- 375 g lauwarmes Wasser
- 2 EL natives Sonnenblumenöl
- 1 geh. TL Meer- oder Steinsalz

Zum Bestreuen

- 125 g Kerne und Samen (z. B. Sonnenblumenkerne, Sesam, Mohn, Leinsamen, Amaranth)

Zeitbedarf

- 30 Minuten
- 40 Minuten ruhen
- 25 Minuten backen

So geht's

1. Das Dinkelvollkornmehl, das Kamutmehl und den Roggenfeinschrot in eine Schüssel geben. In die Mitte eine Mulde drücken und darin die Hefe in etwas Wasser auflösen. Nach und nach das restliche Wasser dazugeben und alle Zutaten zu einem glatten Teig verkneten. Zugedeckt 20–30 Minuten an einem warmen Ort ruhen lassen.

2. Für den Brötchenkranz möglichst 4–5 verschiedene Kerne und Saaten aussuchen und nach Sorten getrennt in kleine Schalen geben. Ein Backblech bemehlen oder mit Backpapier auslegen. Den Backofen auf 200 °C (Umluft 180 °C) vorheizen.

3. Nach der ersten Ruhephase das Sonnenblumenöl und das Salz unter den Teig kneten. Den Teig aus der Schüssel nehmen, auf der bemehlten Arbeitsplatte nochmals mit beiden Händen kurz durchkneten und zu einer Rolle formen. Diese in 20 gleich große Stücke teilen.

4. Die Teig-Rohlinge nun zügig in beiden Händen durch kreisförmiges Drehen zu Kugeln rollen, in den Kernen wälzen und auf das Blech setzen [→a]. Mit einem Tuch bedecken und weitere 5–10 Minuten ruhen lassen.

5. Das Blech in den vorgeheizten Backofen schieben und den Brötchenkranz auf der unteren Schiene in 20–25 Minuten goldbraun backen.

PISTAZIENSTANGEN
mit geraspelten Möhren

DIE MÖHREN LOCKERN DIE DINKELSTANGEN AUF UND ERGÄNZEN SICH AUCH GANZ VORZÜGLICH MIT DEN DEKORATIVEN PISTAZIENKERNEN.

Zutaten für 12 Stangen

- 250 g Dinkelvollkornmehl
- 100 g Dinkelmehl Typ 630
- 50 g Kamutmehl
- 1 Päckchen Bio-Trockenhefe
- 300 ml Wasser
- 100 g Pistazien
- 1 Möhre (ca. 80 g)
- 2 EL natives Olivenöl
- 1 geh. TL Meer- oder Steinsalz

Zeitbedarf
- 20 Minuten
- 45 Minuten ruhen
- 25 Minuten backen

So geht's

1. Das Dinkelvollkornmehl, das Dinkelmehl und das Kamutmehl in einer Schüssel vermischen, in die Mitte eine Mulde drücken und darin die Hefe in etwas lauwarmem Wasser auflösen. Nach und nach das restliche lauwarme Wasser und die Pistazien dazugeben und zu einem glatten Teig kneten. Den Teig zugedeckt 20–30 Minuten an einem warmen Ort gehen lassen.

2. Ein Blech leicht bemehlen. Den Backofen auf 220 °C (Umluft 200 °C) vorheizen. Die Möhre waschen, putzen und fein raspeln.

3. Nach der ersten Ruhephase die geraspelten Möhren, das Olivenöl und das Salz zum Teig geben und kneten, bis er geschmeidig ist. Den Teig aus der Schüssel nehmen, auf einer bemehlten Arbeitsplatte nochmals mit beiden Händen kurz kneten und zu einer Rolle formen.

4. Die Teigrolle in 12 gleich große Stücke teilen. Diese zügig in beiden Händen durch kreisförmiges dynamisches Drehen zu Kugeln rollen und anschließend zu länglichen Stangen formen. Auf das Backblech setzen und mit einem Messer mehrmals schräg einritzen. Nochmals 10–15 Minuten zugedeckt gehen lassen.

5. Die Pistazienstangen im vorgeheizten Backofen auf der unteren Schiene in 20–25 Minuten goldbraun backen.

URKORNBRÖTCHEN
geben Power

Zutaten für 16 Brötchen

- 50 g Urkornmehl (Emmer)
- 350 g Dinkelvollkornmehl
- 100 g Kamutmehl
- 1 Päckchen Bio-Trockenhefe
- 1 TL Reissirup oder Rohrohrzucker
- 375 ml Wasser
- ½ TL gem. Koriander
- ½ TL gem. Kümmel
- 2 EL natives Sonnenblumenöl
- 1 geh. TL Meer- oder Steinsalz

Zeitbedarf
- 20 Minuten
- 40 Minuten ruhen
- 15 Minuten backen

So geht's

1. Urkornmehl, Dinkelvollkornmehl und Kamutmehl in eine Schüssel geben, eine Mulde in die Mitte drücken und darin die Hefe mit Reissirup oder Rohrohrzucker in etwas lauwarmem Wasser auflösen. Nach und nach das restliche lauwarme Wasser, Koriander und Kümmel dazugeben und alle Zutaten zu einem glatten Teig kneten. Zugedeckt 20–30 Minuten an einem warmen Ort ruhen lassen.

2. Ein Backblech bemehlen oder mit Backpapier auslegen. Den Backofen auf 220 °C (Umluft 200 °C) vorheizen.

3. Nach der ersten Ruhephase Öl und Salz unter den Teig kneten. Den Teig auf einer bemehlten Arbeitsfläche nochmals mit beiden Händen kurz kneten und zu einer Teigrolle formen.

4. Die Rolle in 16 gleich große Stücke teilen. Diese zügig mit beiden Händen durch kreisförmiges Drehen zuerst zu Kugeln rollen, dann zu länglichen Brötchen formen. Auf das Blech legen, mit einem Messer zweimal schräg einschneiden. Nochmals zugedeckt 5–10 Minuten ruhen lassen.

5. Die Brötchen im vorgeheizten Ofen auf der unteren Schiene in 12–15 Minuten goldbraun backen.

FLOCKENLAIBCHEN
mögen Kinder gern

Zutaten für 16 Brötchen

- 400 g Dinkelvollkornmehl
- 150 g Haferflocken, fein
- 1 Päckchen Bio-Trockenhefe
- 375 ml Wasser
- 50 g gekeimte Braunhirse
- 2 EL natives Sonnenblumenöl
- 1 geh. TL Meer- oder Steinsalz

Zeitbedarf
- 20 Minuten
- 40 Minuten ruhen
- 15 Minuten backen

So geht's

1. Dinkelvollkornmehl und 100 g Haferflocken in eine Schüssel geben, in die Mitte eine Mulde drücken und darin die Hefe in etwas lauwarmem Wasser auflösen. Nach und nach das restliche lauwarme Wasser zugeben und mit der Braunhirse zu einem glatten Teig kneten. Zugedeckt 20–30 Minuten an einem warmen Ort gehen lassen. Die restlichen Haferflocken in einer kleinen Schale beiseitestellen.

2. Ein Backblech bemehlen. Den Backofen auf 220 °C (Umluft 200 °C) vorheizen.

3. Nach der ersten Ruhephase Öl und Salz unter den Teig kneten. Den Teig aus der Schüssel nehmen, auf einer bemehlten Arbeitsfläche nochmals mit beiden Händen kurz kneten und zu einer Rolle formen.

4. Die Teigrolle in 16 gleich große Stücke teilen. Zügig in beiden Händen durch kreisförmiges dynamisches Drehen zuerst zu Kugeln, dann zu länglichen Laibchen formen. In den Haferflocken wälzen und auf das Blech setzen. Nochmals 5–10 Minuten gehen lassen.

5. Die Brötchen im vorgeheizten Ofen auf der unteren Schiene in 12–15 Minuten goldbraun backen.

SCONES
englische Teebrötchen

ZUR TEA TIME GEHÖREN DIE KLASSIKER AUS ENGLAND EINFACH DAZU. ABER AUCH ZUM SONNTAGSBRUNCH SCHMECKEN DIESE SÜSSEN BRÖTCHEN LECKER!

Zutaten für 12 Scones

100 g Dinkelvollkornmehl

250 g Dinkelmehl Typ 630

170 ml Bio-Kokosmilch

1 Päckchen Bio-Trockenhefe

75 g weiche ungehärtete Pflanzenmargarine

2 TL Rohrohrzucker

50 g Korinthen

Mark von ½ Vanilleschote oder ½ TL Vanillepulver

½ TL Zimtpulver

½ TL Meer- oder Steinsalz

Zeitbedarf
- 20 Minuten
- 40 Minuten ruhen
- 20 Minuten backen

So geht's

1. Das Dinkelvollkornmehl und das Dinkelmehl in eine Schüssel geben. Die Bio-Kokosmilch im Wasserbad leicht erwärmen, damit sie homogen wird (konventionelle Kokosmilch enthält oft Emulgatoren, wodurch dieser Schritt entfällt).

2. Die Hefe, die Pflanzenmargarine, die Kokosmilch, den Rohrohrzucker, die Korinthen, das ausgeschabte Vanillemark oder Vanillepulver, Zimtpulver und Salz zum Mehl in die Schüssel geben und alles zu einem glatten Teig kneten. Den Teig zugedeckt an einem warmen Ort 20 – 30 Minuten gehen lassen. Ein Backblech einfetten. Den Backofen auf 200 °C (Umluft 180 °C) vorheizen.

3. Den Teig aus der Schüssel nehmen, auf einer bemehlten Arbeitsfläche nochmals mit beiden Händen kurz durchkneten und zu einer Teigrolle formen. In 12 gleich große Stücke teilen und diese mit beiden Händen durch dynamisches kreisförmiges Drehen zu Kugeln formen. Auf das Backblech setzen und zugedeckt nochmals 5 – 10 Minuten an einem warmen Ort ruhen lassen.

4. Die Scones im vorgeheizten Backofen auf der unteren Schiene in 15 – 20 Minuten goldbraun backen.

SO SCHMECKT'S AUCH | ZUTATEN Hier kann vielfältig variiert werden. Man kann z. B. angeröstete Mandelsplitter unter den Teig kneten oder die Scones in Mandelsplittern oder in Kokosflocken wälzen.

CROISSANTS
knusprige Hörnchen

SIE BRAUCHEN ETWAS ZEIT, DENN JE MEHR „TOUREN" MAN DEM TEIG GÖNNT, DESTO BLÄTTRIGER UND LUFTIGER WERDEN DIE HÖRNCHEN.

Zutaten für 8 Croissants

Für den Vorteig

300 g Weizenmehl Typ 550

150 g Dinkelmehl Typ 1050

1 Würfel Bio-Frischhefe

250 ml Pflanzenmilch (vorzugsweise Mandelmilch)

2 EL Rohrohrzucker

30 g ungehärtete Pflanzenmargarine

Für die Margarineplatte

220 g kalte gehärtete Pflanzenmargarine

Zum Bestreichen

3 EL Pflanzenmilch (vorzugsweise Mandelmilch)

1 Msp. Vanillepulver

1 TL Rohrohrzucker

Zeitbedarf
- 60 Minuten
- 4 Stunden ruhen
- 20 Minuten backen

So geht's

1. Weizen- und Dinkelmehl in eine Schüssel geben, eine Mulde in die Mitte drücken und darin die Hefe in etwas Pflanzenmilch und Rohrohrzucker auflösen. Nach und nach die restliche Pflanzenmilch und die Margarine dazugeben und alle Zutaten zu einem glatten Teig kneten. Zugedeckt im Kühlschrank 60 Minuten ruhen lassen.

2. Die gekühlte Pflanzenmargarine in Mehl wälzen und auf einer bemehlten Arbeitsfläche mit dem Nudelholz zu einer Platte von ca. 30 x 30 cm ausrollen. Sollte sie kleben, mit etwas Mehl bestäuben. Die Platte zugedeckt auf einer Unterlage in den Kühlschrank stellen.

3. Den Teig auf einer bemehlten Arbeitsfläche zu einem Rechteck, ca. ½ cm dick und mindestens doppelt so groß wie die Margarineplatte, ausrollen. Die Margarineplatte in den Teig einschlagen [→a]. Auf einem bemehlten Brett zugedeckt 1 Stunde in den Kühlschrank stellen.

4. Für die erste „Tour" den Teig aus dem Kühlschrank nehmen. Im Bäckerjargon werden diese Phasen des Teigfaltens als „Tour geben" oder „Touren schlagen" bezeichnet. Dabei wird der Teig auf der bemehlten Arbeitsfläche mit dem Nudelholz ausgerollt, wieder übereinandergeschlagen [→b] und in den Kühlschrank gestellt. Das Kühlen ist wichtig, damit die Margarine nicht weich wird und sich so nur ganz langsam mit dem Teig verbindet, was für ein gutes Backergebnis entscheidend ist. Diesen Vorgang noch 1- bis 2-mal wiederholen.

5. Ein Blech mit Backpapier auslegen. Den Teig zu einer ca. 60 x 30 cm großen Platte ausrollen und in 8 Dreiecke schneiden. Von der breiten Seite her so aufrollen, dass Hörnchen entstehen. Die Hörnchen leicht biegen und auf das Blech legen. Zugedeckt nochmals 20–30 Minuten gehen lassen. Den Backofen auf 200 °C (Umluft 180 °C) vorheizen.

6. Die Pflanzenmilch mit Vanillepulver und Rohrohrzucker verrühren und die Croissants damit bestreichen. Die Croissants im vorgeheizten Ofen auf der unteren Schiene 10 Minuten backen, dann die Hitze auf 180 °C (Umluft 160 °C) reduzieren und weitere 10–15 Minuten goldbraun backen. Eventuell in den letzten Minuten mit Alufolie abdecken.

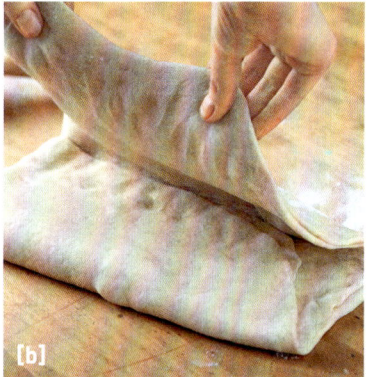

So *gelingt's* sicher

[a] EINSCHLAGEN Die Margarineplatte mittig auf den ausgerollten Teig legen, einschlagen und die Teigränder andrücken.

[b] TOUREN Den Teig mit der eingepackten Margarineplatte mit dem Nudelholz ausrollen und wie einen Brief zusammenfalten: Ein seitliches Teigdrittel über das mittlere klappen, dann das übrige Drittel darüberklappen, sodass insgesamt 3 Schichten übereinanderliegen.

FRÜCHTEBRÖTCHEN
mit Datteln & Feigen

DIE SÜSSEN BRÖTCHEN SCHMECKEN AUCH OHNE BELAG SEHR GUT UND HABEN DURCH DIE NÜSSE UND GETROCKNETEN FRÜCHTE VIEL POWER.

Zutaten für 12 Brötchen

- 25 g getr. Datteln
- 25 g getr. Aprikosen
- 25 g getr. Feigen
- 25 g Sultaninen oder Korinthen
- 100 ml Wasser
- 25 g Mandeln
- 75 ml Pflanzenmilch (vorzugsweise Mandelmilch)
- 100 g Dinkelvollkornmehl
- 250 g Dinkelmehl Typ 630
- 1 Päckchen Bio-Trockenhefe
- 75 g weiche ungehärtete Pflanzenmargarine
- ½ TL Meer- oder Steinsalz
- ¼ TL Zimtpulver
- ¼ TL Vanillepulver
- 25 g Kokosflocken

Zeitbedarf
- 30 Minuten
- 30 Minuten einweichen
- 40 Minuten ruhen
- 20 Minuten backen

So geht's

1. Die getrockneten Datteln, Aprikosen und Feigen klein schneiden und mit den Sultaninen in 100 ml warmem Wasser einweichen. Die Mandeln fein hacken oder grob mahlen. Eventuell, für mehr Aroma, die gehackten Mandeln in einer kleinen Pfanne ohne Fett anrösten. Die Pflanzenmilch leicht erwärmen.

2. Das Dinkelvollkornmehl und das Dinkelmehl in eine Schüssel geben, in die Mitte eine Mulde drücken und darin die Hefe in etwas lauwarmer Pflanzenmilch auflösen. Nach und nach die restliche Mandelmilch, die Margarine, Salz, Zimt- und Vanillepulver sowie die eingeweichten Trockenfrüchte, die gehackten Mandeln und die Kokosflocken dazugeben und alles zu einem glatten Teig verkneten. Den Teig zugedeckt 20–30 Minuten an einem warmen Ort ruhen lassen.

3. Ein Backblech leicht bemehlen oder mit Backpapier auslegen. Den Backofen auf 200 °C (Umluft 180 °C) vorheizen.

4. Den Teig aus der Schüssel nehmen, auf einer bemehlten Arbeitsfläche nochmals mit beiden Händen kurz kneten und zu einer Teigrolle formen. In 12 gleich große Stücke teilen. Diese zügig in beiden Händen durch kreisförmiges Drehen zu Kugeln rollen und danach zu länglichen Brötchen formen. Auf das Backblech legen und längs einschneiden. Zugedeckt nochmals 5–10 Minuten gehen lassen.

5. Die Brötchen im vorgeheizten Backofen auf der unteren Schiene in 15–20 Minuten goldbraun backen.

SO SCHMECKT'S AUCH | STUDENTENBRÖTCHEN Für diese einfachere und schnellere Variante verwendet man statt der getrockneten Früchte und Mandeln nur 50 g Rosinen und 75 g Haselnüsse. Das Einweichen entfällt und die Haselnüsse können auch im Ganzen verwendet werden.

KAMUT-BAGELS
mit Mohn & Sesam

MAN KENNT SIE ALS LECKEREN SNACK, OFT MIT SALAT ODER GEGRILLTEM GEMÜSE BELEGT. SELBST GEMACHT SCHMECKEN SIE BESONDERS GUT.

Zutaten für 8 Bagels

- 125 g Kamutmehl
- 75 g Dinkelvollkornmehl
- 200 g Dinkelmehl Typ 1050
- 1 Päckchen Bio-Trockenhefe
- 225 ml Wasser
- 50 ml Pflanzenmilch (vorzugsweise Mandelmilch)
- ca. 50 g Samen (z. B. Mohn und Sesam) zum Dekorieren
- 2 EL natives Sonnenblumenöl
- 1 geh. TL Meer- oder Steinsalz

Zeitbedarf
- 25 Minuten
- 40 Minuten ruhen
- 20 Minuten backen

So geht's

1. Kamutmehl, Dinkelvollkornmehl und Dinkelmehl in eine Schüssel geben, in die Mitte eine Mulde drücken und darin die Hefe in etwas lauwarmem Wasser auflösen. Nach und nach das restliche lauwarme Wasser und die Pflanzenmilch dazugeben und zu einem glatten Teig kneten. Der Teig ist optimal, wenn er weder an der Hand noch am Schüsselrand klebt. Die Schüssel mit einem Tuch bedecken und an einem warmen Ort 15–20 Minuten gehen lassen.

2. Ein Backblech leicht bemehlen oder mit Backpapier auslegen. Den Backofen auf 200 °C (Umluft 180 °C) vorheizen. Mohn und Sesamsamen getrennt auf 2 tiefe Teller verteilen.

3. Nach der ersten Ruhephase Sonnenblumenöl und Meersalz unter den Teig kneten. Den Teig aus der Schüssel nehmen, auf einer bemehlten Arbeitsfläche nochmals mit beiden Händen kurz durchkneten und zu einer Rolle formen. Diese in 8 gleich große Stücke teilen.

4. Jedes Teigstück zügig zu etwa 2,5 cm dicken Schlangen rollen und zu Bagels formen [→a]. Mit der oberen Seite in Mohn bzw. Sesam drücken und aufs Blech legen. Mit einem Tuch bedecken und an einem warmen Ort nochmals 5–10 Minuten gehen lassen.

5. Die Bagels im vorgeheizten Backofen auf der unteren Schiene in 15–20 Minuten goldbraun backen.

SO GEHT'S AUCH | BAGELS KOCHEN In vielen Rezepten werden die Bagels vor dem Backen ca. 15 Sekunden in kochendes Wasser gelegt, damit die Oberfläche glatter wird. Dekoriert man sie aber mit Mohn, Sesam oder auch mit Goldleinsamen oder Kürbiskernen, ist dieser Vorgang nicht nötig.

So gelingt's sicher

[a] BAGELS FORMEN Die Teigrollen zu Ringen formen und die Enden fest zusammendrücken. Man kann die Teigstücke auch zu Kugeln formen, in jede Kugel mit dem bemehlten Zeigefinger oder mit einem Kochlöffelstiel in die Mitte ein Loch bohren und durch kreisende Bewegung und Auseinanderziehen etwas erweitern.

LEICHTE BROTE
aus vollem Korn

GANZES KORN, FRISCH VERMAHLEN, IST DAS GEHEIMNIS FÜR HERRLICH DUFTENDE BAGUETTES, KÖSTLICHES CIABATTA ODER FÜR EIN GANZ BESONDERES BROT MIT QUINOA UND AMARANTH.

LEICHTE BROTE

BAGUETTE
mit Urkorn

SIEHT URIG AUS UND SCHMECKT AUCH SO: DAS ANGENEHM HERB-AROMATISCHE URKORN WIRD DURCH DEN REISSIRUP HARMONISCH ABGERUNDET.

Zutaten für 2 Baguettes

- 200 g Urkornmehl (Emmer)
- 400 g Weizenvollkornmehl
- 1 Würfel Bio-Frischhhefe
- 1 TL Reissirup (ersatzweise Rohrohrzucker)
- 375 ml Wasser
- 3 EL natives Sonnenblumenöl
- 1 gestr. EL Meer- oder Steinsalz

Zeitbedarf
- 20 Minuten
- 50 Minuten ruhen
- 25 Minuten backen

So geht's

1. Urkornmehl und Weizenvollkornmehl in eine Schüssel geben, in die Mitte eine Mulde drücken und darin die zerbröckelte Hefe mit Reissirup in etwas lauwarmem Wasser auflösen. Dann das restliche Wasser nach und nach dazugeben und zu einem elastischen Teig verkneten. Optimal ist der Teig, wenn er sich vollständig von der Schüssel gelöst hat und weder Reste am Schüsselrand noch an der Hand kleben. Den Teig 20–30 Minuten zugedeckt an einem warmen Ort gehen lassen.

2. Ein Backblech leicht bemehlen. Den Backofen auf 220 °C (Umluft 200 °C) vorheizen.

3. Den Teig in der Schüssel mit Öl und Meersalz zu einem glatten Teig verkneten. Auf eine bemehlte Arbeitsfläche geben und mit beiden Händen nochmals kurz durchkneten. Den Teig halbieren und 2 Stangen formen. Auf das bemehlte Backblech legen und mehrmals schräg ca. ½ cm tief einschneiden. Nochmals zugedeckt 15–20 Minuten gehen lassen.

4. Die Baguettes in den vorgeheizten Backofen schieben und 20–25 Minuten auf der unteren Schiene goldbraun backen.

Die herzhaften Baguettes schmecken mit pikanten Dips und Aufstrichen, am besten selbst gemacht, besonders gut.

So gelingt's SICHER

[a] **CIABATTAS FORMEN** Verwenden Sie eine Teigkarte, damit die Teigstücke die typische eckige Form bekommen. Eventuell noch etwas platt drücken, da die Ciabattas nicht zu hoch werden sollen.

CIABATTA
mit Oliven & Pinienkernen

DIE ITALIENISCHE SPEZIALITÄT, DIE MIT OLIVENÖL ZUBEREITET WIRD, IST SCHNELL GEMACHT UND SCHMECKT MIT KAMUT BESONDERS KÖSTLICH.

Zutaten für 8 Stück

- 150 g Dinkelvollkornmehl
- 100 g Kamutmehl
- 350 g Weizenmehl Typ 1050
- 1 Würfel Bio-Frischhefe
- 375 ml Wasser
- 25 g schwarze Oliven ohne Stein
- 3 EL natives Olivenöl
- 1 gestr. EL Meer- oder Steinsalz
- 25 g Pinienkerne

Zeitbedarf
- 20 Minuten
- 45 Minuten ruhen
- 20 Minuten backen

So geht's

1. Das Dinkelvollkornmehl, Kamutmehl und Weizenmehl in einer Schüssel vermischen, in die Mitte eine Mulde drücken und darin die Hefe in etwas lauwarmem Wasser auflösen. Dann das restliche Wasser nach und nach unterkneten, bis der Teig elastisch ist und sich gut von der Schüssel löst. Den Teig an einem warmen Ort 20–30 Minuten zugedeckt gehen lassen.

2. Ein Backblech dünn bemehlen. Die Oliven in mundgerechte Stücke schneiden. Den Teig mit Olivenöl und Meersalz verkneten. Den Teig halbieren, eine Hälfte mit Oliven, die andere mit den Pinienkernen verkneten. Beide Hälften mithilfe einer Teigkarte in je 4 gleich große Stücke teilen. Auf der bemehlten Arbeitsfläche die einzelnen Teigstücke nochmals kurz durchkneten und zu ca. 7 x 12 cm großen Ciabattas formen [→a].

3. Die 8 Teigstücke auf das bemehlte Backblech setzen und nochmals zugedeckt 10–15 Minuten gehen lassen. Den Backofen auf 220 °C (Umluft 200 °C) vorheizen.

4. Die Ciabattas im vorgeheizten Backofen auf der unteren Schiene in ca. 20 Minuten goldbraun backen.

SO SCHMECKT'S AUCH | MIT TOMATEN Sehr gut schmecken die Ciabattas auch mit eingelegten getrockneten Tomaten, die man entweder zusätzlich oder anstatt der Oliven unter den Teig knetet.

DINKELSTANGEN
provençale

ALLEIN DER DUFT SCHON LÄSST ERINNERUNGEN AN SÜDFRANKREICH WACH WERDEN UND ERAHNEN, WIE KÖSTLICH DIESE BAGUETTES SCHMECKEN.

Zutaten für 2 Stück

- 400 g Dinkelvollkornmehl
- 200 g Dinkelmehl Typ 1050
- 1 Würfel Bio-Frischhefe
- 400 ml Wasser
- 3 EL natives Olivenöl
- 1 geh. EL Kräutermeersalz
- 2 TL Kräuter der Provence

Zeitbedarf
- 20 Minuten
- 45 Minuten ruhen
- 25 Minuten backen

So geht's

1. Dinkelvollkornmehl und Dinkelmehl in eine Schüssel geben, in die Mitte eine Mulde drücken und darin die zerbröckelte Hefe in etwas lauwarmem Wasser auflösen. Dann nach und nach das restliche Wasser dazugeben und unterkneten. Den Teig dynamisch, aber entspannt kneten, bis er sich vom Schüsselrand löst. Den Teig zugedeckt 20–30 Minuten an einem warmen Ort gehen lassen.

2. Ein Backblech leicht bemehlen. Den Teig mit Olivenöl, Salz und Kräutern der Provence in der Schüssel nochmals gut durchkneten. Den Teig halbieren und auf einer bemehlten Arbeitsfläche mit beiden Händen nochmals kurz kneten und zu 2 Baguettes formen. Die Teigstücke können auch spiralförmig gedreht werden, so bekommen sie eine besondere Form. Mit der Oberseite kurz auf der bemehlten Arbeitsfläche rollen, damit etwas Mehl haften bleibt.

3. Die Baguettes auf das bemehlte Backblech legen und mehrmals schräg oder kreuzweise ½ cm tief einschneiden. Nochmals zugedeckt 10–15 Minuten gehen lassen. Den Backofen auf 220 °C Ober- und Unterhitze (Umluft 200 °C) vorheizen.

4. Die Baguettes im vorgeheizten Backofen auf der unteren Schiene in 20–25 Minuten goldbraun backen.

SO SCHMECKT'S AUCH | BRÖTCHEN Der Teig kann auch in 6–8 gleich große Teigstücke geteilt werden, die dann, ebenfalls länglich geformt, Baguette-Brötchen ergeben.

DREIKORN-BROT
mit Quinoa

LEICHT NUSSIGES DINKELMEHL KOMBINIERT MIT MILDEM KAMUT GIBT DEM LEICHTEN VOLLKORNBROT SEINEN DEZENT-AROMATISCHEN GESCHMACK.

Zutaten für 1 Brot (ca. 1 kg)

- 500 g Dinkelvollkornmehl
- 100 g Kamutmehl
- 3 EL gem. Quinoa
- 1 Würfel Bio-Frischhefe
- 425 ml Wasser
- 2 EL natives Olivenöl
- 1 gestr. EL Meer- oder Steinsalz
- ca. 50 g ungeschälter Sesam zum Wälzen

Zeitbedarf
- 30 Minuten
- 45 Minuten ruhen
- 60 Minuten backen

So geht's

1. Das Dinkelvollkornmehl mit dem Kamutmehl in eine Schüssel geben. Die Quinoa-Körnchen in einer Mohn- oder Kaffeemühle mahlen und zum Mehl geben. In die Mitte eine Mulde drücken und darin die zerbröckelte Hefe mit etwas lauwarmem Wasser auflösen. Nach und nach das restliche Wasser dazugeben und unter den Teig kneten. Den Teig dynamisch aber entspannt kneten, bis er sich vom Schüsselrand löst. Mit einem Tuch bedecken und 20–30 Minuten an einem warmen Ort gehen lassen.

2. Ein Backblech leicht bemehlen. Den Teig in der Schüssel mit Olivenöl und Meersalz verkneten. Den Teig auf einer bemehlten Arbeitsfläche nochmals mit beiden Händen kurz kneten, zu einem länglichen Laib formen und in Sesam wälzen. Den Laib auf das bemehlte Backblech setzen. Mit einem Messer längs oder schräg ½ cm tief einritzen. Den Teig mit einem Tuch bedecken und nochmals 15–20 Minuten an einem warmen Ort gehen lassen. Den Backofen auf 200 °C (Umluft auf 180 °C) vorheizen.

3. Das Dreikornbrot im vorgeheizten Backofen auf der unteren Schiene in 50–60 Minuten goldbraun backen.

SO GEHT S AUCH | QUINOA Wer keine Möglichkeit hat, die Quinoa zu mahlen, oder ganze Körner im Teig mag, kann die Körnchen auch etwa 60 Minuten in ca. 50 ml heißem Wasser einweichen und anschließend unter den Teig kneten. Achtung: die Wassermenge für den Teig reduziert sich dadurch auf 375 ml.

AROMEN & GEWÜRZE
die Duftboten

DAS GEHEIMNIS EINES GUTEN BROTES, EINES UNWIDERSTEHLICHEN KUCHENS ODER KÖSTLICHER KEKSE IST IHR DUFT, DER UNS ANLOCKT UND VERFÜHRT, UND IHR AROMA, DAS UNSEREM GAUMEN SCHMEICHELT.

Aromen und Gewürze, viele davon sind Heilpflanzen, werden aus aromatischen Pflanzen gewonnen, und zwar entweder als reines ätherisches Öl (Aroma), getrocknet oder auch frisch als Gewürz.
Ich achte beim Einkauf besonders auf die biologische Herkunft der Gewürze. Sie sollten mit einem staatlich anerkannten Siegel (Bio-Siegel oder Demeter) zertifiziert und auf dem Etikett deutlich deklariert sein. Hintergrund ist die extrem starke Belastung von Gewürzen, eine Folge der riesigen Monokulturen und des damit unvermeidbaren Einsatzes chemischer Spritzmittel wie Pestizide, Fungizide etc. In einer von Greenpeace in Auftrag gegebenen Studie wiesen von 33 getesteten Gewürzproben 82 % giftige Pestizidrückstände auf, ein Viertel davon sind in der EU nicht einmal zugelassen. Nur 6 Proben waren frei von Rückständen. Gewürze aus zertifiziertem Bio-Anbau sind nicht nur für unsere Gesundheit gut, sondern belasten auch nicht unsere Luft, unseren Boden und unser Trinkwasser.
Zudem respektiert der Bio-Anbau auch die Menschen, die Gewürze und Kräuter anbauen, sie müssen keine giftigen und krank machenden Spritzmittel verwenden und einatmen. Viele Bio-Produkte werden in der Regel auch fair gehandelt.

BROTGEWÜRZE

Während in Brötchen und leichten Broten das frisch gemahlene Getreide schon so gut duftet, dass es außer Salz kaum noch weiterer Würze bedarf, werden bei Sauerteigbroten schon seit Jahrhunderten die verschiedensten Gewürze eingesetzt. Zu den klassischen Brotgewürzen zählen Anis, Fenchel, Koriander und Kümmel. Sie geben Sauerteigbroten nicht nur ein wunderbares Aroma, sondern machen sie auch bekömmlicher und leichter verdaulich. Die Gewürze können entweder ganz oder gemahlen unter den Teig geknetet werden.

GEWÜRZ-AUFGUSS

Wenn wir Gewürze ganz verwenden, was ich persönlich bevorzuge, dann empfiehlt es sich, einen Aufguss herzustellen. Dafür gießt man die Gewürze einfach mit kochendem Wasser auf und lässt sie, wie bei einem Kräutertee, 30–60 Minuten ziehen. Anschließend werden sie mit der Flüssigkeit unter den Teig geknetet. Dabei das Aufgusswasser bei der Gesamtwassermenge unbedingt berücksichtigen. Auf diese Weise entfalten die Gewürze ihr volles Aroma, was hinterher im Brot deutlich zu schmecken ist.

GEWÜRZE FÜR SÜSSES GEBÄCK

Für Kuchen und Kekse stehen immer noch die klassischen Weihnachtsgewürze an erster Stelle: Zimt und Vanille. Es ist wissenschaftlich längst belegt, warum wir genau diese Gewürze nicht nur als Düfte, sondern auch als Aromen so sehr lieben: Sie wecken in unserem limbischen System Erinnerungen an unsere frühe Kindheit, an Weihnachten und die damit abgespeicherten Erlebnisse und Stimmungen – positive wie negative. Zu dieser Gruppe der Aromen zählen auch Nelken, Kardamom und Orangenschalen.

ZIMT

Das aus der Zimtrinde gewonnene herrlich duftende, unverwechselbare Aroma ist nicht umsonst in vielen Gebäcksorten zu finden. Auch in der altindischen Heillehre des Ayurveda kommt Zimt eine ganz besondere Bedeutung zu, und zwar nicht nur wegen seines Aromas. Vielmehr wird er seit Jahrhunderten als bewährtes Naturheilmittel eingesetzt und aufgrund seiner positiven Wirkungen geschätzt. Er reguliert den Blutzucker und hat cholesterinsenkende Eigenschaften.

VANILLE

Nur ein Gewürz ist weltweit noch bekannter und beliebter als Zimt, es ist die Frucht einer Orchidee: die Vanille. Die Ursprünge der aromatischen Schoten liegen im 16. Jahrhundert in Mexiko, wo sie der Azteken-Herrscher Montezuma zum Aromatisieren seines Kakaogetränks verwendet haben soll. Ob dies wahr oder nur eine Sage ist, bleibt offen. Sicher ist jedoch, dass vermutlich die meisten Leser dieser Zeilen Vanille schon in der Kindheit in ganz anderer Form kennengelernt haben: in Form von Vanillin. Das liegt daran, dass der weitaus überwiegende Teil der weltweit hergestellten Fertigprodukte mit synthetisch hergestelltem Vanillin aromatisiert wird und wir sowohl den Duft als auch das Aroma – dank Dr. Oetker – schon in unserer Kindheit „gelernt" und abgespeichert haben. Unser Gehirn lässt sich täuschen und an der Nase herumführen, deshalb lohnt sich ein Blick in die Zutatenliste.

Außer im Biofachhandel sind fast alle gängigen Handelsprodukte mit künstlicher Vanille aromatisiert, da diese deutlich billiger ist. Wenn nicht ausdrücklich die natürliche, echte Vanille ausgelobt wird, handelt es sich meistens um synthetisches Vanillin. Es wird chemisch aus Nebenprodukten gewonnen, die bei der Papierherstellung anfallen. Mit dem echten Aroma aus der Vanilleschote ist es qualitativ nicht vergleichbar – und dieser kostbare Inhaltsstoff riecht auch ganz anders.

BIO-AROMEN

Diese Qualitätsunterschiede gelten natürlich auch für Aromen in flüssiger Form wie z.B. das Bio-Vanille-Aroma. Am bekanntesten sind sicher Orangen- und Zitronen-Aroma sowie Bittermandel-Aroma. Die im Biofachhandel erhältlichen Aromen sind reine ätherische Öle, die aus aromatischen Pflanzen, überwiegend aus kontrolliertem Bio-Anbau, gewonnen werden. Sie sind sehr konzentriert und werden äußerst sparsam dosiert. Der Vorteil der Aromen gegenüber frischen oder auch getrockneten Gewürzen liegt in der Intensität und langen Haltbarkeit. Verschlossen in Braunglasfläschchen und kühl gelagert, haben sie noch nach einem Jahr ein frisches, starkes Aroma.

LEICHTE BROTE

GEWÜRZLAIB
traditionell aromatisch

GEWÜRZE GEBEN BROT NICHT NUR EIN GANZ BESONDERES AROMA, SONDERN SIE MACHEN ES AUCH BEKÖMMLICHER UND LEICHTER VERDAULICH.

Zutaten für 1 Laib (ca. 800 g)

- 1 gestr. TL Anissamen
- 1 gestr. TL Fenchelsamen
- 1 gestr. TL Korianderkörner
- 1 gestr. TL Kümmel
- 350 g Weizenvollkornmehl
- 150 g Gerstenvollkornmehl
- 1 Würfel Bio-Frischhefe
- 300 ml Wasser
- 2 EL natives Sonnenblumenöl
- 1 gestr. EL Meer- oder Steinsalz

Zeitbedarf
- 20 Minuten
- 15 Minuten einweichen
- 50 Minuten ruhen
- 60 Minuten backen

So geht's

1. Anis, Fenchel, Koriander und Kümmel im Mörser zerstoßen und in eine kleine Schale geben. Mit 100 ml heißem Wasser übergießen und zugedeckt 15 Minuten ziehen lassen.

2. Das Weizen- und Gerstenvollkornmehl in eine Schüssel geben, in die Mitte eine Mulde drücken und darin die zerbröckelte Hefe in etwas lauwarmem Wasser auflösen. Nach und nach das restliche Wasser und den „Gewürztee" mit den Gewürzen dazugeben und unterkneten. Den Teig dynamisch, aber entspannt kneten, bis er sich vom Schüsselrand löst. Mit einem Tuch bedecken und 20–30 Minuten an einem warmen Ort gehen lassen.

3. Ein Backblech leicht bemehlen. Den Teig mit Sonnenblumenöl und Meersalz verkneten. Auf eine bemehlte Arbeitsfläche geben und mit beiden Händen nochmals kurz durchkneten, zu einem runden Laib formen und auf das bemehlte Backblech legen. Mit einem Messer längs einschneiden und zugedeckt nochmals 15–20 Minuten ruhen lassen. Den Backofen auf 200 °C Ober- und Unterhitze (Umluft 180 °C) vorheizen.

4. Den Gewürzlaib im vorgeheizten Backofen auf der unteren Schiene in 50–60 Minuten goldbraun backen.

SO GEHT'S AUCH | GÄRKÖRBCHEN **Wenn Sie den Teig in einem Gärkörbchen aus Peddigrohr [→a] gehen lassen, bekommt das Brot die typische Spiralmaserung.**

[a]

so *gelingt's* SICHER

[a] RILLENMUSTER Vor der zweiten Ruhephase wird der Teig in ein bemehltes Gärkörbchen aus Peddigrohr gelegt. Dadurch erhält man ein Brot mit typischem Rillenmuster. Vor dem Backen den Laib dann einfach auf das bemehlte Blech stülpen.

QUINOA-BROT
Powerbrot mit Biss

QUINOA GILT SEIT JEHER ALS ENERGIEGELADENES GETREIDE. KOMBINIERT MIT AMARANTH ERGIBT DAS EIN KERNIG-GESUNDES, KÖSTLICHES VOLLKORNBROT.

Zutaten für 1 Brot (ca. 900 g)

- 150 g rote Quinoa
- 300 g Weizenvollkornmehl
- 50 g Dinkelmehl Typ 1050
- 1 Würfel Bio-Frischhefe
- 375 ml Wasser
- 30 g Amaranth zum Bestreuen
- 2 EL natives Sesamöl
- 1 gestr. EL Meer- oder Steinsalz
- 20 g rote Quinoa zum Bestreuen

Zeitbedarf
- 20 Minuten
- 60 Minuten quellen
- 50 Minuten ruhen
- 60 Minuten backen

So geht's

1. Die roten Quinoa-Körnchen in eine kleine Schüssel geben, mit 100 ml heißem Wasser übergießen und ca. 60 Minuten quellen lassen.

2. Das Weizenvollkorn- und Dinkelmehl in eine Schüssel geben, in die Mitte eine Mulde drücken und darin die zerbröckelte Hefe in etwas lauwarmem Wasser auflösen. Nach und nach die restlichen 275 ml Wasser und die eingeweichten Quinoa-Körnchen zugeben und unterkneten. Den Teig dynamisch, aber entspannt kneten, bis er sich vom Schüsselrand löst. Mit einem Tuch bedecken und 20–30 Minuten an einem warmen Ort ruhen lassen.

3. Eine Kastenform einfetten und mit etwa der Hälfte der Amaranth-Samen ausstreuen. Den Teig mit Sesamöl und Meersalz in der Schüssel zu einem glatten Teig verkneten. Den Teig auf einer bemehlten Arbeitsfläche nochmals mit beiden Händen kurz durchkneten und zu einem länglichen Laib formen. Den Laib in die Kastenform legen und mit dem restlichen Amaranth und den Quinoa-Körnchen bestreuen. Mit der Teigkarte leicht festdrücken. Den Teig längs ca. ½ cm tief einschneiden. Nochmals zugedeckt 15–20 Minuten gehen lassen. Den Backofen auf 220 °C (Umluft 200 °C) vorheizen.

4. Das Quinoa-Brot in den vorgeheizten Backofen schieben und in ca. 50–60 Minuten auf der unteren Schiene goldbraun backen.

SO GELINGT'S AUCH | BACKFORMEN Wenn ich Brote in der Form backe, dann am liebsten in einer Keramikform oder einer unbeschichteten Schwarzblechform, da die Brote darin am besten gelingen.

KNÄCKEBROT
mit Sesam

GELINGT MIT FRISCH GEMAHLENEM KORN AUCH OHNE HEFE, DIE EIGENE TRIEBKRAFT REICHT DANN FÜR SO DÜNNES BROT ZUR TEIGLOCKERUNG AUS.

Zutaten für 18 Stück

- 225 g Dinkelvollkornmehl
- 50 g Roggenfeinschrot
- 1 TL Meer- oder Steinsalz
- 50 g gepuffter Amaranth
- 75 g ungeschälter Sesam
- 175 ml kohlensäurehaltiges Mineralwasser
- 2 EL natives Sesamöl
- 25 g ungeschälter Sesam zum Bestreuen
- Sesamöl zum Bestreichen

Zeitbedarf
- 15 Minuten
- 80 Minuten ruhen
- 20 Minuten backen

So geht's

1. Das möglichst frisch gemahlene Dinkelvollkornmehl, den Roggenfeinschrot, das Meersalz, Amaranth und Sesam in eine Schüssel geben und mit dem Mineralwasser zu einem glatten Teig verkneten. Mit frisch gemahlenem Mehl wird der Teig auch ohne Hefe erstaunlich elastisch und löst sich leicht von der Schüssel. Ist das nicht der Fall, die knetende Hand ein- bis zweimal unter fließendes Wasser halten und weiterkneten, bis weder Teig an der Hand noch am Schüsselrand klebt. Gegen Ende etwas Streumehl über den Teig und zwischen Teig und Schüssel streuen. Den Teig nochmals einige Male darin drehen. Zudecken und 60 Minuten im Kühlschrank ruhen lassen.

2. Ein Backblech einfetten. Das Sesamöl unter den gelockerten Teig kneten. Den Teig auf einer bemehlten Arbeitsfläche mit beiden Händen nochmals dynamisch, aber entspannt kneten. Dann zu einem Rechteck in der Größe des Backblechs ausrollen und auf das Blech legen.

3. Mit einer Gabel ein regelmäßiges Lochmuster in die Teigplatte stechen. Mit dem restlichen Sesam bestreuen und festdrücken [→a]. Mit Sesamöl bestreichen und den Teig in 18 gleich große Scheiben teilen. Nochmals zugedeckt 15–20 Minuten ruhen lassen. Den Backofen auf 200 °C (Umluft 180 °C) vorheizen.

4. Das Knäckebrot im vorgeheizten Backofen in 12–15 Minuten goldbraun backen. Nach dem Backen im ausgeschalteten Ofen etwas auskühlen lassen. Das noch warme Brot auf dem Blech in Scheiben brechen.

SO GEHT'S AUCH | BACKPULVER Wer keine Getreidemühle hat oder kein frisch gemahlenes Mehl zur Verfügung, kann zur Sicherheit 1 TL Backpulver unter den Teig kneten. Denn ist das Mehl nicht ganz frisch, kann es sein, dass das Brot nicht knackig, sondern steinhart wird.

so gelingt's SICHER

[a] **SESAM** gleichmäßig auf die Teigplatte streuen und die Körner mit einem Nudelholz leicht festrollen. Gut schmeckt es auch, wenn man Pinienkerne, entweder anstatt oder gemischt mit Sesam, auf den Teig streut.

VOLLKORNBROTE
mit Hefe & Sauerteig

WIR LIEBEN SIE WEGEN IHRES KRÄFTIGEN, LEICHT SÄUERLICHEN GESCHMACKS UND WEIL SIE LANGE SÄTTIGEN. UND WER DAS VOLLE KORN GENIESST UND AUCH GUT KAUT, BLEIBT SCHLANK UND FIT!

BAUERNBROT
mit Kümmel

EIN EINFACHES KLASSISCHES LANDBROT, GEBACKEN MIT WEIZENVOLLKORN-MEHL UND LEICHTEM ROGGENANTEIL, MIT KÜMMEL AROMATISCH GEWÜRZT.

Zutaten für 1 Laib (ca. 800 g)

- 400 g Weizenvollkornmehl
- 50 g Roggenfeinschrot
- 1 Würfel Bio-Frischhefe
- 325 ml Wasser
- 1 gestr. EL Meer- oder Steinsalz
- 1 TL gem. Kümmel

Zeitbedarf
- 20 Minuten
- 50 Minuten ruhen
- 60 Minuten backen

So geht's

1. Das Weizenvollkornmehl und den Roggenfeinschrot in eine Schüssel geben, in die Mitte eine Mulde drücken und darin die zerbröckelte Hefe in etwas lauwarmem Wasser auflösen. Nach und nach das restliche Wasser, das Salz und den gemahlenen Kümmel unterkneten, bis der Teig elastisch ist und sich gut vom Schüsselrand löst. Den Teig 20–30 Minuten zugedeckt an einem warmen Ort gehen lassen.

2. Ein Backblech leicht bemehlen. Den Teig aus der Schüssel nehmen und auf einer bemehlten Arbeitsfläche nochmals kurz kneten. Zu einem länglichen Laib formen und auf das bemehlte Backblech legen. Mit einem Messer schräg ca. ½ cm tief einschneiden und nochmals 15–20 Minuten zugedeckt gehen lassen. Den Backofen auf 200 °C (Umluft 180 °C) vorheizen.

3. Das Bauernbrot im vorgeheizten Backofen auf der unteren Schiene in 50–60 Minuten goldbraun backen.

SO SCHMECKT'S AUCH | MIT KÜMMEL Wer das Gewürz liebt, kann den Teig nach dem letzten Kneten auf der Arbeitsfläche – wenn er gerade anfängt zu kleben – in ganzen Kümmelkörnern wälzen. Schmeckt auch mit anderen Gewürzen wie Koriander, Anis oder Fenchel sehr gut.

GERSTENBROT
mit Hanfsamen

DAS MILDE GERSTENAROMA UND DIE KNACKIGEN HANFSAMEN: EINE ETWAS UNGEWÖHNLICHE, ABER ÜBERRASCHEND KÖSTLICHE VERBINDUNG.

Zutaten für 1 Laib (ca. 1 kg)

- 150 g Gerstenvollkornmehl
- 400 g Dinkelvollkornmehl
- 75 g Hanfsamen
- 1 Würfel Bio-Frischhefe
- 375 ml Wasser
- 2 EL natives Sonnenblumenöl
- 1 gestr. EL Meer- oder Steinsalz

Zeitbedarf
- 20 Minuten
- 50 Minuten ruhen
- 60 Minuten backen

So geht's

1. Gerstenvollkornmehl, Dinkelvollkornmehl und Hanfsamen in einer Schüssel vermischen, eine Mulde in die Mitte drücken und darin die zerbröckelte Hefe mit etwas lauwarmem Wasser auflösen. Nach und nach das restliche Wasser unter den Teig kneten. Den Teig dynamisch, aber entspannt kneten, bis er geschmeidig ist und sich vom Schüsselrand löst. Mit einem Tuch bedecken und 20–30 Minuten an einem warmen Ort gehen lassen.

2. Ein Backblech leicht bemehlen. Sonnenblumenöl und Meersalz unter den aufgegangenen Teig kneten. Den Teig auf der bemehlten Arbeitsfläche mit beiden Händen nochmals kurz kneten, zu einem runden Laib formen und auf das bemehlte Backblech setzen. Mit einem Messer ca. ½ cm tief einritzen. Den Teig mit einem Tuch bedecken und nochmals 15–20 Minuten gehen lassen. Den Backofen auf 200 °C (Umluft auf 180 °C) vorheizen.

3. Das Gerstenbrot im vorgeheizten Backofen auf der unteren Schiene in 50–60 Minuten goldbraun backen. Herausnehmen und auf einem Gitter auskühlen lassen.

SO SCHMECKT'S AUCH | SAMEN & FLOCKEN Die Hanfsamen kann man auch durch verschiedene Körner, z. B. Koriander, ersetzen. Oder durch 100 g Gerstenflocken. Da die Flocken viel Flüssigkeit saugen, den Wasseranteil auf 400 ml erhöhen. Den Teig dann, wenn er beim Kneten auf der Arbeitsfläche leicht anfängt zu kleben, noch zusätzlich in Gerstenflocken wälzen.

ROGGEN-SCHROTLING

knusprig & aromatisch

EIN ANGENEHM WÜRZIGES BROT, DAS DURCH ETWAS HEFE NOCH LOCKERER WIRD UND NICHT SO SCHWER IST WIE REINE SAUERTEIGBROTE.

Zutaten für 1 Brot (ca. 1 kg)

- 250 g Roggenvollkorn-Feinschrot
- 350 g Weizenvollkornmehl
- 90 g Natursauerteig
- ½ Würfel Bio-Frischhefe
- 400 ml Wasser
- 1 gestr. EL Meer- oder Steinsalz
- Sonnenblumenöl für die Form
- Sesam oder Leinsamen nach Belieben

Zeitbedarf
- 20 Minuten
- 60 Minuten ruhen
- 60 Minuten backen

So geht's

1. Den Roggenfeinschrot und das Weizenvollkornmehl in eine Schüssel geben und mit dem Sauerteig, der zerbröckelten Hefe, dem lauwarmen Wasser und Meersalz ruhig, aber dynamisch zu einem mittelfesten Teig kneten. Den Teig zugedeckt an einem warmen Ort ca. 30 Minuten gehen lassen. Die Ruhezeit kann variieren und ist abhängig von der Raumtemperatur. Es empfiehlt sich, den Vorteig in die Nähe der Heizung oder unter eine Tisch- oder Arbeitsleuchte zu stellen, da auf diese Weise konstante Wärme gesichert ist.

2. Eine Kastenform mit einem Pinsel mit etwas Sonnenblumenöl einfetten. Eventuell Sesam oder Leinsamen in die gefettete Form streuen.

3. Den aufgegangenen Teig nochmals dynamisch kurz durchkneten und mit der Teigkarte in die Form geben [→a]. Nach Belieben den Teig einmal längs oder mehrmals schräg einschneiden. Die Form bedecken und den Teig nochmals 20–30 Minuten gehen lassen. Den Backofen auf 200 °C (Umluft 180 °C) vorheizen.

4. Das Brot im vorgeheizten Backofen auf der unteren Schiene in 50–60 Minuten goldbraun backen. Herausnehmen und das Brot in der Form etwas abkühlen lassen. Dann mit einem Messer aus der Form lösen und auf einem Gitter auskühlen lassen.

so *gelingt's* SICHER

[a] KASTENFORM Den Teig mit der schmalen Seite der Teigkarte in die Form drücken, anschließend mit der flachen Seite glatt streichen. Der Roggen-Schrotling sollte in einer Form gebacken werden, da im Teig durch den hohen Roggenanteil zu wenig Klebereiweiß enthalten ist, um ein frei geschobenes Brot zu backen, das seine Form behält und nicht auseinanderläuft.

SAUERTEIG
der Ansatz selbst gemacht

SAUERTEIG IST NICHT NUR DAS ÄLTESTE, SONDERN AUCH EINFACHSTE TRIEBMITTEL. DENN ES LIEGT IN DER NATUR DES TEIGES, GANZ VON ALLEIN ZU SÄUERN – VORAUSGESETZT DIE BEDINGUNGEN DAFÜR SIND GÜNSTIG.

SAUERTEIG ANSETZEN

Für traditionell arbeitende Bäckereien ist die eigene Sauerteig-Herstellung ein wohlbehütetes Familiengeheimnis. Als Basisrezeptur für die verschiedensten Brote war sie das Ergebnis langjähriger Erfahrung, die das Geschick und Können des Meisterbäckers zum Ausdruck brachte, was der Kunde an dem besonderen, unvergleichbaren Geschmack des Sauerteigbrotes schmecken konnte. Fast jede Bäckerei hatte früher ihren eigenen Ansatz, der sich im Ausmahlungsgrad des Roggens, durch das eingesetzte Quellwasser und die verschiedenen Gewürze wie Koriander, Kümmel, Fenchel oder Anis von denen der anderen Bäcker unterschied. Ein gutes Sauerteigrezept war die Basis für gute Brote und damit für den Erfolg einer Bäckerei. Das ist auch heute noch so – bei den wenigen verbliebenen Traditionsbäckereien und den neuen Bio-Bäckern.

DIE GÄRUNG

Ein klassischer Sauerteig besteht nur aus Roggen, dem am häufigsten eingesetzten Getreide, und Wasser. Doch hier beginnen schon die feinen Unterschiede. Die Gärung des Teiges setzt von ganz allein ein, kann aber durch viele Faktoren positiv wie negativ beeinflusst werden. Der Ausmahlungsgrad des Korns ist einer davon, die Qualität und Temperatur des Wassers ist ein weiterer. Auch die Mondphase, die nicht nur Ebbe und Flut bestimmt, hat einen mehr oder weniger starken Einfluss auf die „Entwicklung" des Sauerteigs und des Brotes. Die Grundvoraussetzung für das Gelingen des selbst angesetzten Sauerteiges sind konstante Wärme und keine Zugluft während der Ansatzphase. Als optimale Temperatur haben sich 28–30 °C herausgestellt. Mit geringerer Temperatur funktioniert die Säuerung auch, muss dann allerdings durch etwas längeres Stehen kompensiert werden. Ganz wichtig für die eigene Sauerteig-Herstellung ist es, den Teig zu beobachten. Auch eine gewisse Grunderfahrung mit Brotteigen ist hilfreich. Fehlt sie, ist es empfehlenswert, lieber erst einmal ein Hefebrot oder ein Sauerteigbrot mit Fertigsauerteig zu backen, um erste Erfahrungen und Erfolgserlebnisse zu sammeln.

DAS GRUNDREZEPT

Sehr gut bewährt hat sich meine Rezeptur, die ich schon bei meinen ersten Backversuchen verwendet habe. Am besten funktioniert diese Mischung mit frisch gemahlenem Bio-Getreide. Der Schrot sollte dabei nicht zu grob gemahlen werden. Zur Optimierung kann statt Leitungswasser auch Mineralwasser ohne Kohlensäure verwendet werden.

Für 225 g Sauerteigansatz:
50 g Roggenvollkornmehl
50 g Roggenvollkornschrot
⅛ l lauwarmes Wasser

So geht's: Alle Zutaten für die Mischung, auch „Starter" genannt, in ein Schraubglas oder Einmachglas mit mindestens 500 g Füllvolumen geben und verrühren. Den Deckel nur lose auflegen bzw. das Glas mit einer Gaze oder Küchenpapier abdecken und diese einem Gummiring festmachen. Der Ansatz braucht bei guten Bedingungen in der Regel 2–3 Tage. Bewährt hat sich ein sonniger Fensterplatz. Das Glas kann auch in Tücher, eine Kochkiste oder Ähnliches eingepackt werden. Wichtig ist, dass der Teig nicht luftdicht abgeschlossen wird, da die Gärung Sauerstoff benötigt. Den Teig unbedingt alle 12 Stunden mit einem Löffel sorgfältig durchrühren! Bei günstigen Bedingungen setzt die Gärung bereits am ersten Tag ein, was an der mehr oder weniger starken Bläschenbildung zu erkennen ist. Der Teig wächst bis zum doppelten Volumen an.

BEI PROBLEMEN

Wenn der Ansatz nicht aufgeht und unangenehm zu riechen beginnt, haben sich die Essigsäurebakterien schneller entwickelt als die Milchsäurebakterien, was sich durch Wärmezufuhr bis zu einem bestimmten Zeitpunkt noch korrigieren lässt. Ab einem gewissen Punkt funktioniert dies dann allerdings nicht mehr und der Ansatz beginnt zu schimmeln. Die Zugabe von einer Messerspitze gemahlenem Kümmel oder Koriander kann die Entwicklung der Essigsäurebakterien etwas verzögern, ein Patentrezept ist dies allerdings nicht, da auch viele andere Faktoren die Säuerung des Teiges beeinflussen.

BROT BACKEN

Mit dem selbst hergestellten Sauerteig, dem fertigen „Starter", kann dann das erste eigene Sauerteigbrot angesetzt werden. Mit diesem „Starter" wird klassisch der Vorteig bereitet, der nochmals 12 Stunden gären muss (siehe Rezept „Landbrot" Seite 71).
Wer regelmäßig Sauerteigbrote backen möchte, nimmt dann jeweils wieder die gleiche Ansatzmenge ab und bewahrt diese im gut verschlossenen Schraubglas im Kühlschrank auf. Der Ansatz sollte nicht zu feucht sein, dann hält er sich gut bis zu 2 Wochen.

SO gelingt's SICHER

[a] KLOPFTEST Um zu prüfen, ob das Brot auch wirklich durchgebacken ist, wird es aus der Form geholt und der sogenannte „Klopftest" gemacht: Klingt es hohl, wenn man mit dem Finger auf die Unterseite des Brotes klopft, ist es fertig gebacken.

LANDBROT
mit Leinsamen

KRÄFTIG-WÜRZIGES SAUERTEIGBROT MIT SELBST ANGESETZTEM STARTER.
FÜR ROGGENLIEBHABER UND ALLE, DIE BROTE ETWAS URIGER MÖGEN.

Zutaten für 1 Brot (ca. 1 kg)

- 200 g Roggenfeinschrot
- 75 g Leinsamen
- 90 g Natursauerteig
- 200 ml Wasser
- 100 g Emmer-Mehl (Urkorn)
- 150 g Kamut-Vollkornmehl
- 50 g Dinkelmehl Typ 630
- 75 ml Wasser
- 1 EL natives Sonnenblumenöl
- 1 gestr. EL Meer- oder Steinsalz
- 1 EL gem. Koriander
- Sonnenblumenöl für die Form
- 50 g Leinsamen zum Bestreuen

Zeitbedarf
- 30 Minuten
- 13 Stunden ruhen
- 60 Minuten backen

So geht's

1. Roggenfeinschrot und Leinsamen in eine Schüssel geben, mit dem Sauerteig-„Starter" (Zubereitung siehe Seite 68) und dem Wasser vermengen und mindestens 10–12 Stunden zugedeckt an einem warmen Ort gehen lassen.

2. Emmer-, Kamut- und Dinkelmehl dazugeben und mit dem lauwarmem Wasser, Sonnenblumenöl, Salz und Koriander ruhig, aber dynamisch zu einem mittelfesten Teig verkneten. Den Teig zugedeckt an einem warmen Ort (optimal 28 °C) ca. 60 Minuten ruhen lassen. Die Ruhezeit kann variieren und ist abhängig von der Raumtemperatur.

3. Eine Kastenform mit einem Pinsel mit Sonnenblumenöl gut einfetten und mit der Hälfte der Leinsamen ausstreuen. Den aufgegangenen Teig nochmals kurz durchkneten und mit einer Teigkarte in die Form geben. Mit der schmalen Seite der Teigkarte den Teig in die Form drücken und anschließend mit der flachen Seite die Oberfläche glatt streichen. Die restlichen Leinsamen aufstreuen und mit der Teigkarte festdrücken. Nach Belieben den Teig einmal längs oder mehrmals schräg einschneiden.

4. Den Teig nochmals bedeckt 30–60 Minuten ruhen lassen. Den Backofen auf 200 °C (Umluft 180 °C) vorheizen.

5. Den Teig im vorgeheizten Backofen auf der unteren Schiene in 50–60 Minuten goldbraun backen [→a].

GUT ZU WISSEN | SAUERTEIG Wenn der selbst gemachte Sauerteig gepflegt werden soll, wird die gleiche Menge Sauerteig-Starter vom angesetzten Teig wieder abgenommen, mit dem Rest in einem Schraubglas vermischt und im Kühlschrank für das nächste Brot aufbewahrt. In diesem Fall den Leinsamen getrennt einweichen (dafür 100 ml von der Wassermenge abnehmen), damit er nicht ungewollt im Starter landet.

SONNENBLUMENBROT
zum Anbeißen gesund

ZU RECHT EINE DER BELIEBTESTEN BROTSORTEN: DENN SONNENBLUMENKERNE SIND NICHT NUR SEHR GESUND, SONDERN SCHMECKEN AUCH KERNIG-GUT.

Zutaten für 1 Brot (ca. 1 kg)

- 200 g Roggenvollkorn-Feinschrot
- 400 g Dinkelvollkornmehl
- 90 g Natursauerteig
- ½ Würfel Bio-Frischhefe
- 375 ml Wasser
- 75 g Sonnenblumenkerne
- Sonnenblumenöl für die Form
- 50 g Sonnenblumenkerne zum Bestreuen
- 2 EL natives Sonnenblumenöl
- 1 gestr. EL Meer- oder Steinsalz

Zeitbedarf
- 20 Minuten
- 60 Minuten ruhen
- 60 Minuten backen

So geht's

1. Den Roggenfeinschrot und das Dinkelvollkornmehl in eine Schüssel geben und mit dem Sauerteig, der Hefe, dem lauwarmen Wasser und den Sonnenblumenkernen ruhig, aber dynamisch zu einem mittelfesten Teig verkneten. Den Teig zugedeckt an einem warmen Ort ca. 30 Minuten ruhen lassen. Die Ruhezeit kann variieren und ist abhängig von der Raumtemperatur. Auf jeden Fall sollte der Teig vor der Weiterverarbeitung gut aufgegangen und gelockert sein.

2. Eine Kastenform mit einem Pinsel mit Sonnenblumenöl einfetten. Den Boden der Form mit einigen Sonnenblumenkernen bestreuen, damit sich das Brot nach dem Backen leichter aus der Form löst.

3. Das Sonnenblumenöl und das Meersalz unter den aufgegangenen Teig kneten. Den Teig in der Schüssel nochmals dynamisch kneten und mithilfe einer Teigkarte in die gefettete Kastenform legen, dabei mit der schmalen Seite in die Form drücken. Mit Sonnenblumenkernen bestreuen, diese mit der flachen Seite der befeuchteten Teigkarte festdrücken und anschließend die Oberfläche glatt streichen. Den Teig einmal längs einschneiden und nochmals 20–30 Minuten zugedeckt gehen lassen. Den Backofen auf 200 °C (Umluft 180 °C) vorheizen.

4. Den Teig im vorgeheizten Backofen auf der unteren Schiene in 50–60 Minuten goldbraun backen. Herausnehmen und das Brot in der Form etwas abkühlen lassen. Dann mit einem Messer aus der Form lösen und auf einem Gitter auskühlen lassen.

SO SCHMECKT'S AUCH | STATT SONNENBLUMENKERNEN kann man für dieses Brot natürlich auch Kürbiskerne, Leinsamen oder Amaranth verwenden.

SO *gelingt's* SICHER

[a] WÄLZEN Beim sogenannten „Aufmachen" des Brotes ist es wichtig, dass der Teig nur anfangs auf der bemehlten Arbeitsfläche geknetet wird, danach kein Streumehl mehr zugeben, bis der Teig zu kleben beginnt. Dann im Mohn wälzen. Denn ist der Teig zu trocken, hält der Mohn nicht.

[b] EINSCHNEIDEN Den Laib mit einem scharfen Messer ca. 1 cm tief über Kreuz einschneiden.

NUSSBROT
mit Mohn

KÖSTLICH & AROMATISCH: EIN LEICHTES HEFE-SAUERTEIG-BROT
MIT GANZEN HASELNÜSSEN UND MIT DEKORATIVER MOHNKRUSTE.

Zutaten für 1 Brot (ca. 1,1 kg)

500 g Dinkelvollkornmehl

100 g Roggenfeinschrot

90 g Natursauerteig

½ Würfel Bio-Frischhefe

400 ml Wasser

100 g Haselnüsse

2 EL natives Sonnenblumenöl

1 gestr. EL Meer- oder Steinsalz

ca. 50 g Mohn zum Wälzen

Zeitbedarf
- 20 Minuten
- 60 Minuten ruhen
- 60 Minuten backen

So geht's

1. Das Dinkelvollkornmehl und den Roggenfeinschrot in eine Schüssel geben und mit dem Sauerteig, der zerbröckelten Hefe und dem lauwarmem Wasser ruhig, aber dynamisch zu einem mittelfesten Teig kneten. Zum Schluss die ganzen Haselnüsse unterkneten. Den Teig zugedeckt an einem warmen Ort ca. 30 Minuten gehen lassen. Die Ruhezeit kann variieren und ist abhängig von der Raumtemperatur. Auf jeden Fall sollte der Teig vor der Weiterverarbeitung gut aufgegangen und gelockert sein.

2. Ein Backblech leicht mit Mehl bestäuben. Den aufgegangenen Teig mit Sonnenblumenöl und Meersalz geschmeidig kneten. Den Teig auf der bemehlten Arbeitsfläche mit beiden Händen nochmals kurz kneten und zu einem runden Laib formen. In Mohn wälzen [→a], auf das bemehlte Backblech setzen und mit einem Messer einritzen [→b]. Den Laib nochmals 20–30 Minuten zugedeckt ruhen lassen. Den Backofen auf 200 °C (Umluft 180 °C) vorheizen.

3. Den Teig im vorgeheizten Backofen auf der unteren Schiene in 50–60 Minuten goldbraun backen. Das Brot herausnehmen und auf einem Gitter auskühlen lassen.

SO SCHMECKT'S AUCH | FRÜCHTEBROT Durch Trockenfrüchte wie Aprikosen, Rosinen, Datteln und/oder Feigen sowie Gewürze wie Zimt und Vanille lässt sich das Nussbrot schnell in ein Früchtebrot verwandeln. Vor dem Backen mit Ahornsirup bepinseln statt in Mohn wälzen. Wer keine Haselnüsse mag, kann diese durch grob gehackte Walnüsse ersetzen, schmeckt ebenso köstlich!

PIZZA
Flammkuchen & Co

EINE KNUSPRIGE PIZZA, EINEN URIGEN FLAMMKUCHEN ODER EINE WÜRZIGE QUICHE – WER MAG SIE NICHT? HIER VERRATE ICH IHNEN MEINE VEGANEN LIEBLINGSREZEPTE.

PIZZA FUNGHI
mit Oliven

EINE KLASSISCHE ITALIENISCHE PIZZA – STATT MIT MOZZARELLA HIER MIT EINER SELBST GEMACHTEN PFLANZLICHEN VARIANTE BELEGT: MIT „TOFURELLA".

Zutaten für 2 Pizzen

- 400 g Dinkelmehl Typ 1050
- 1 Päckchen Trockenhefe
- ¼ l lauwarmes Wasser
- 2 EL natives Olivenöl
- 1 gestr. EL Meer- oder Steinsalz

Für den Belag

- 200 g Champignons
- 1 rote Zwiebel
- 200 g Bio-Tomatenmark
- 4 EL schwarze Oliven ohne Stein
- 1 TL Oregano
- 1 gestr. TL Meer- oder Steinsalz
- schwarzer Pfeffer aus der Mühle
- natives Olivenöl nach Belieben

Für den Tofurella

- 200 g Natur-Tofu
- 1 Knoblauchzehe
- 4 EL natives Olivenöl
- 4 EL Sojasahne
- 2 EL Mandelmus
- 1 TL Kräutermeersalz
- 2 TL getr. Oregano

Zeitbedarf
- 50 Minuten
- 30 Minuten ruhen
- 15 Minuten backen

So geht's

1. Das Dinkelmehl in eine Schüssel geben, in die Mitte eine Mulde drücken und darin die Hefe mit etwas Wasser auflösen. Nach und nach das restliche Wasser dazugeben und alles zu einem glatten Teig verkneten. Zugedeckt an einem warmen Ort 20–30 Minuten ruhen lassen.

2. Für den Belag die Champignons putzen und in nicht zu dünne Scheiben schneiden, die Zwiebel schälen und in dünne Ringe schneiden.

3. Für den Tofurella den Naturtofu mit der zerdrückten Knoblauchzehe, Olivenöl, Sojasahne, Mandelmus und 6 EL Wasser mit einem Mixstab pürieren, mit Kräutermeersalz und Oregano würzen und abschmecken.

4. 2 Backbleche bemehlen oder mit Backpapier auslegen. Den Backofen auf 220 °C (Umluft 200 °C) vorheizen.

5. Olivenöl und Meersalz unter den Teig kneten. Den Teig halbieren und auf einer bemehlten Arbeitsfläche zügig mit den Händen zu 2 Pizzen von je etwa 30 cm Ø formen und auf 2 Backbleche legen.

6. Das Tomatenmark mit der Teigkarte auf den Pizzaböden verstreichen. Die Champignons darauf verteilen, dann den Tofurella esslöffelweise daraufsetzen, etwas flach drücken, sodass er runden Mozzarella-Scheiben gleicht. Zum Schluss die Zwiebelringe und die Oliven auf den Pizzen verteilen, mit Salz, Pfeffer und Oregano würzen. Nach Belieben noch etwas Olivenöl darüberträufeln. Die Pizzen nacheinander im vorgeheizten Backofen in 12–15 Minuten backen.

SO SCHMECKT'S AUCH | OLIVEN Statt der schwarzen Oliven können Sie auch grüne verwenden und die Pizza zusätzlich mit 50 g Kapern belegen. Statt Oregano mit getrocknetem Thymian würzen.

PIZZA ROSSO
mit Pinienkernen

Zutaten für 2 Pizzen

- 400 g Dinkelmehl Typ 1050
- 1 Päckchen Trockenhefe
- ¼ l lauwarmes Wasser
- 2 EL natives Olivenöl
- 1 gestr. EL Kräutermeersalz

Für den Belag

- 1 rote Paprikaschote (ca. 200 g)
- 6 kleine Frühlingszwiebeln
- 200 g getrocknete eingelegte Tomaten
- Tofurella (siehe Seite 79)
- 200 g Tomatenmark
- 2–3 EL Pinienkerne
- Kräutermeersalz
- schwarzer Pfeffer aus der Mühle
- natives Olivenöl nach Belieben
- 6–10 Blätter Basilikum

Zeitbedarf
- 50 Minuten
- 30 Minuten ruhen
- 15 Minuten backen

So geht's

1. Das Dinkelmehl in eine Schüssel geben, in die Mitte eine Mulde drücken und darin die Hefe mit etwas Wasser auflösen. Nach und nach das restliche Wasser dazugeben und alles zu einem glatten Teig verkneten. Zugedeckt an einem warmen Ort ca. 30 Minuten gehen lassen.

2. Für den Belag die Paprikaschote waschen, entkernen und in halbe Ringe schneiden. Die Frühlingszwiebeln waschen, putzen und in dünne Scheiben schneiden. Die eingelegten Tomaten abtropfen lassen und in kleine Stücke schneiden. Den Tofurella nach Rezept zubereiten (siehe Seite 79).

3. 2 Backbleche bemehlen oder mit Backpapier auslegen. Den Backofen auf 220 °C (Umluft 200 °C) vorheizen.

4. Den Teig mit Olivenöl und Kräutermeersalz glatt kneten. Den Teig halbieren und auf einer bemehlten Arbeitsfläche zu 2 Pizzen von je ca. 30 cm Ø formen und auf 2 Backbleche legen. Das Tomatenmark mit der Teigkarte auf den Pizzaböden verteilen und die getrockneten Tomaten daraufdrücken.

5. Die Paprikaringe und die Frühlingszwiebeln darauflegen. Den Tofurella esslöffelweise auf den Pizzen verteilen, etwas flachdrücken, sodass er runden Mozzarella-Scheiben gleicht. Die Pinienkerne darüberstreuen, mit Salz und Pfeffer abschmecken. Nach Belieben mit etwas Olivenöl beträufeln, eventuell dafür das Öl der eingelegten Tomaten verwenden.

6. Die Pizzen nacheinander im vorgeheizten Backofen in 12–15 Minuten knusprig backen. Aus dem Ofen nehmen, mit Basilikumblättern garnieren und servieren.

SO SCHMECKT'S AUCH | BELAG Hier gibt es viele Möglichkeiten zu variieren, denn Pizza war ursprünglich ein Arme-Leute-Essen und eine geschickte Art der Resteverwertung. Gut passen z. B. auch Zucchini und/oder Peperoncini.

PIZZABROT
einfach & köstlich

GRISSINI
knusprige Knabberei

Zutaten für 2 Brote

- 400 g Dinkelmehl Typ 1050
- 1 Päckchen Trockenhefe
- ¼ l lauwarmes Wasser
- 2 EL natives Olivenöl
- 1 gestr. EL Meer- oder Steinsalz
- grobes Salz (Fleur de Sel)
- schwarzer Pfeffer aus der Mühle
- 2 Zweige Rosmarin
- natives Olivenöl nach Belieben

Zeitbedarf
- 20 Minuten
- 30 Minuten ruhen
- 15 Minuten backen

So geht's

1. Das Dinkelmehl in eine Schüssel geben, in die Mitte eine Mulde drücken und darin die Hefe mit etwas Wasser auflösen. Nach und nach das restliche Wasser dazugeben und alles zu einem glatten, geschmeidigen Teig verkneten. Zugedeckt an einem warmen Ort 20–30 Minuten gehen lassen.
2. 2 Backbleche bemehlen oder mit Backpapier auslegen. Den Backofen auf 220 °C (Umluft 200 °C) vorheizen.
3. Den Teig mit Olivenöl und Meersalz glatt kneten. Den Teig halbieren, auf einer bemehlten Arbeitsfläche zügig mit den Händen zu 2 Pizzen von etwa 30 cm Ø formen und auf 2 Backbleche legen.
4. Die Pizzabrote mit Fleur de Sel, Pfeffer und Rosmarinnadeln bestreuen. Nach Belieben etwas Olivenöl darüberträufeln. Die Brote nacheinander im vorgeheizten Backofen 12–15 Minuten backen.

Zutaten für 25–30 Stück

- 300 g Dinkelvollkornmehl
- ½ Päckchen Trockenhefe
- 200 ml lauwarmes Wasser
- 2 EL natives Olivenöl
- 1 gestr. TL Meer- oder Steinsalz
- natives Olivenöl nach Belieben
- grobes Salz (Fleur de Sel)
- schwarzer Pfeffer aus der Mühle
- 1 TL getr. Rosmarin

Zeitbedarf
- 30 Minuten
- 30 Minuten ruhen
- 15 Minuten backen

So geht's

1. Das Dinkelvollkornmehl in eine Schüssel geben, in die Mitte eine Mulde drücken und darin die Hefe mit etwas Wasser auflösen. Nach und nach das restliche Wasser dazugeben und alles zu einem glatten Teig verkneten. Zugedeckt an einem warmen Ort ca. 30 Minuten gehen lassen.
2. Ein Backblech bemehlen oder mit Backpapier auslegen. Den Backofen auf 200 °C (Umluft 180 °C) vorheizen.
3. Den Teig mit Olivenöl und Meersalz glatt kneten. Den Teig in 25–30 gleich große Stücke teilen, auf einer bemehlten Arbeitsplatte zügig mit den Händen zu dünnen Stangen rollen und auf das Backblech legen.
4. Die Grissini mit Olivenöl bestreichen, mit grobem Salz, Pfeffer und Rosmarin bestreuen. Im vorgeheizten Backofen 12–15 Minuten backen.

GEMÜSE-QUICHE
mit Brokkoli

MIT VERSCHIEDENEN KNACKIGEN GEMÜSESORTEN BELEGT, IST DIESER KUCHEN EINE KÖSTLICHE VARIANTE DES KLASSIKERS QUICHE LORRAINE.

Zutaten für 1 Form (26 cm Ø)

- 250 g Weizenvollkornmehl
- ca. ⅛ l Sojamilch
- 75 ml natives Olivenöl
- 1 geh. TL Meer- oder Steinsalz

Für den Belag

- 2 mittelgroße Möhren
- 1 Pastinake
- 200 g Brokkoli
- 1 rote Spitzpaprika
- 2 rote Zwiebeln
- 1 Knoblauchzehe
- 2 EL natives Olivenöl
- 400 g Tofu
- 150 g Soja Cream Cheese
- 200 g Sojasahne
- 2 EL Sojamilch
- 1 EL Sojamehl
- 2 EL Maisgrieß
- 1 gestr. TL Meer- oder Steinsalz
- schwarzer Pfeffer aus der Mühle
- 1 EL getr. Oregano
- ca. 70 g Pflanzenkäse
- 2 EL schwarze Oliven

Zeitbedarf
- 30 Minuten
- 45 Minuten ruhen
- 45 Minuten backen

So geht's

1. Das Weizenvollkornmehl in eine Schüssel geben und mit Sojamilch, Olivenöl und Meersalz dynamisch, aber entspannt zu einem glatten Teig verkneten. Zugedeckt ca. 45 Minuten im Kühlschrank ruhen lassen.

2. In der Zwischenzeit die Möhren und die Pastinake waschen, bürsten und klein schneiden. Brokkoli waschen und in Röschen teilen, die holzigen Stiele entfernen. Die Paprikaschote waschen, entkernen und in dünne Ringe schneiden. Die Zwiebeln und die Knoblauchzehe schälen und klein schneiden. Das Olivenöl in einem flachen Topf erhitzen und zunächst Möhren und Pastinake bei mittlerer Hitze ca. 5 Minuten andünsten. Dann das restliche Gemüse dazugeben, salzen, mit etwas Wasser ablöschen und zugedeckt ca. 10 Minuten bei kleiner Hitze köcheln lassen.

3. Den Tofu grob zerkleinern, den Knoblauch zerdrücken und mit Soja Cream Cheese, Sojasahne und Sojamilch in einem hohen Gefäß mit dem Mixstab pürieren. Das Sojamehl und den Maisgrieß unterziehen, mit Salz, Pfeffer und Oregano würzen.

4. Eine Quiche-Form einfetten und den Backofen auf 220 °C Ober- und Unterhitze (Umluft 200 °C) vorheizen.

5. Den Teig aus dem Kühlschrank nehmen und in die Quiche-Form drücken, dabei einen ca. 2 cm hohen Rand formen. Das gedünstete Gemüse auf dem Boden verteilen. Die Tofu-Creme daraufgeben und mit geraspeltem Pflanzenkäse bestreuen. Zum Schluss die Oliven leicht in die Masse drücken. Die Quiche im vorgeheizten Backofen auf der unteren Schiene ca. 45 Minuten backen.

SO GELINGT'S | PFLANZENKÄSE Da er nicht so bräunt wie üblicher Käse aus Kuhmilch, auf die Backzeit achten und kontrollieren, damit die Quiche nicht zu lange im Ofen bleibt. Statt geraspeltem Pflanzenkäse kann man auch 2 EL Hefeflocken über die Quiche streuen.

ZEIT FÜR ÖLWECHSEL?
Nicht zu raffiniert bitte

NATIV, KALT GEPRESST ODER RAFFINIERT – WELCHES ÖL STEHT IN IHREM VORRATSSCHRANK? EIN BLICK AUF DAS ETIKETT GIBT AUSKUNFT, DENN WER SICH NACHHALTIG GESUND ERNÄHREN MÖCHTE, SOLLTE AUF DIE ÖLQUALITÄT ACHTEN.

Fett zählt neben Eiweiß und Kohlenhydraten zu den Hauptnährstoffen und ist nicht nur ein wichtiger Energielieferant, sondern auch Träger fettlöslicher Vitamine. Es besteht chemisch gesehen aus Glycerin und Fettsäuren und wird nach seinem Ursprung in tierische und pflanzliche Fette unterteilt. Bei der täglichen Nahrungsaufnahme ist primär nicht entscheidend, wie viel Fett wir aufnehmen, sondern vielmehr, dass die aufgenommenen Fette naturbelassen und unraffiniert sind. Denn nur diese Fette enthalten die für unseren Organismus so wichtigen einfach ungesättigten Fettsäuren wie Ölsäure und mehrfach ungesättigten Fettsäuren wie die Omega-3-Fettsäuren. Sie sind für den Organismus deshalb so lebenswichtig, weil er sie nicht selbst produzieren kann.

RAFFINIERTE ÖLE

Wie bei so vielen Lebensmitteln sind gerade auch bei der Ölherstellung die einfachen, natürlichen Verfahren durch die zunehmende industrielle Großproduktion verdrängt worden. Der weitaus überwiegende Teil der handelsüblichen Pflanzenöle ist deshalb raffiniert. Dieses aufwendige chemische Verfahren wird bei allen Ölen angewendet, die durch Extraktion mittels Hexan gewonnen werden, eines hochtoxischen Lösungsmittel, das nach dem Vorgang wieder aus dem Öl entfernt werden muss. Dafür muss das extrahierte Öl in einem komplexen Prozess, der sogenannten Raffination, entschleimt, entsäuert und entgiftet werden, was aber nur zum Teil gelingt. Dies erfordert unter anderem den Einsatz hoher Temperaturen von fast 150 °C, aber es gewährleistet eine 99-prozentige Ausbeute des Presskuchens. Gesundheitsschädigende Nahrungsmittel durch betriebswirtschaftliche Gewinnmaximierung – hervorgerufen durch die Nachfrage der Verbraucher nach immer günstigeren Produkten. Auch wenn raffinierte Billig-Öle, worüber sich Ernährungswissenschaftler weitgehend einig sind, für Herz-Kreislauf Erkrankungen verantwortlich gemacht werden.

TRANSFETTE

Noch problematischer sind die sogenannten künstlichen Transfette, die bei der Härtung von Fetten entstehen. Sie werden in nahezu allen Imbissen und Schnell-Restaurants eingesetzt, sind aber auch in immer mehr Fertigprodukten, Backmargarine und „light"-Produkten zu finden. Sie sorgen nicht nur für schnelle Gewichtszunahme, sondern sind vom Körper auch nur sehr schwer wieder abzubauen. Transfette gelten als noch problematischer als raffinierte Öle. Es ist durch zahlreichen Studien belegt, dass Transfette Arteriosklerose begünstigen und ein Risikofaktor für Herz-Kreislauf-Erkrankungen sind.

KALT GEPRESSTE ÖLE

Doch es gibt sie noch, die hochwertigen Pflanzenöle, die wie in früheren Zeiten durch einfache Pressung der Ölsaat oder der Ölfrüchte gewonnen werden und als „nativ" oder „kalt gepresst" gekennzeichnet sind. Zwar entsteht bei der sogenannten „Kaltpressung" durch die beim mechanischen Pressvorgang entstehende Reibungswärme auch eine Temperatur von etwa 60 °C, doch wird hier keine Hitze von außen zugeführt und durch die schonende Gewinnung bleiben alle wertvollen Inhaltsstoffe erhalten. Diese Pflanzenöle, gewonnen aus Oliven, Sonnenblumen, Disteln, Sesam oder Hanfsamen, zählen zu den hochwertigsten nativen Ölen, besonders wenn sie aus zertifiziertem Bio-Anbau stammen. Sie enthalten alle einfach und mehrfach ungesättigten Fettsäuren, die zur Gesunderhaltung unseres Körpers unentbehrlich sind.

MARGARINE

Ähnlich wie bei der Ölproduktion erfordert die Herstellung von Margarine komplizierte chemische Verfahren, da sich die Grundstoffe Öl bzw. Fett nicht ohne Weiteres mit Wasser zu einer homogenen streichfähigen Masse mischen lassen. Um die Fetthärtung und die gewünschte streichfähige Konsistenz zu erreichen, werden die ungesättigten Fettsäuren durch Hydrierung in gesättigte umgewandelt, wobei auch die unerwünschten Transfette entstehen.

UNGEHÄRTETE PFLANZENMARGARINE

Sie hat als Ausgangsstoff kalt gepresste Öle aus unterschiedlichen Ölfrüchten wie beispielsweise Sonnenblumen, Raps oder Disteln. Zum Festwerden wird natürliches Kokosfett eingesetzt. Dadurch wird nur ein Teil des Fettes industriell verarbeitet. Nur ungehärtete Pflanzenmargarine, wie ich sie in meinen Rezepten ausschließlich verwende, kann ernährungsphysiologisch empfohlen werden. Sie sollte bevorzugt aus zertifiziertem Bio-Anbau sein, da die strengen Bio-Richtlinien viele schädliche Verfahren im Vorfeld ausschließen.

FLAMMKUCHEN
mit Urkorn gebacken

MINDESTENS EBENSO BELIEBT WIE PIZZA IST DIESE KNUSPRIGE ELSÄSSER SPEZIALITÄT, DIE SCHON UNWIDERSTEHLICH DUFTET, WENN SIE AUS DEM OFEN KOMMT.

Zutaten für 2 Stück

Für den Pflanzenkäse

150 g Mandeln

150 g Cashewbruch

2 Knoblauchzehen, 1 Zitrone

100 ml Sojasahne

5 EL natives Olivenöl

75 ml Mandelmilch

1 TL Kräutermeersalz

schwarzer Pfeffer aus der Mühle

1 TL getr. Thymian

Für Teig und Belag

100 g Emmer-Mehl (Urkorn)

400 g Dinkelmehl Typ 1050

1 Würfel Bio-Frischhefe

325 ml Wasser

5 kleine Kartoffeln

3 EL natives Olivenöl

1 Stange Lauch, 2 rote Zwiebeln

80 g Chorizo (vegan)

1 gestr. EL Meer- oder Steinsalz

100 g grüne Oliven ohne Kern

2 TL getr. Majoran

Kräutermeersalz

Zeitbedarf
- 50 Minuten
- 90 Minuten ruhen und quellen
- 20 Minuten backen

So geht's

1. Die Mandeln kurz blanchieren und abziehen, anschließend mit dem Cashewbruch in einer Schale mit heißem Wasser bedeckt mindestens 60 Minuten quellen lassen.

2. Emmer- und Dinkelmehl in eine Schüssel geben, in die Mitte eine Mulde drücken und die zerbröckelte Hefe darin in etwas lauwarmem Wasser auflösen. Nach und nach das restliche Wasser dazugeben und zu einem glatten Teig verkneten. Zugedeckt 20–30 Minuten an einem warmen Ort gehen lassen.

3. Die Kartoffeln schälen, waschen und in kleine Stücke schneiden. In etwas Olivenöl andünsten, mit etwas Wasser ablöschen und knapp gar kochen. Den Lauch putzen, waschen und in ca. ½ cm dicke Scheiben schneiden. Die Zwiebeln schälen und in Ringe schneiden. Lauch und Zwiebeln in etwas Öl kurz andünsten. Die Chorizo in Scheiben oder kleine Stückchen schneiden und bereitlegen.

4. Die gequollenen Mandeln und den Cashewbruch abgießen und in ein hohes Gefäß geben. Die Knoblauchzehen zerdrücken und dazugeben. Zitronensaft, Sojasahne, Olivenöl und Mandelmilch zugeben und mit dem Mixstab pürieren. Mit Salz, Pfeffer und Thymian abschmecken.

5. 2 Backbleche bemehlen und den Backofen auf 220 °C (Umluft 200 °C) vorheizen. Den Teig mit Olivenöl und Salz glatt kneten. Den Teig halbieren und zu 2 großen ovalen (jeweils in Blechgröße) oder 4 kleinen Flammkuchen formen. Auf 2 Bleche legen.

6. Die Flammkuchen mit ¾ des Pflanzenkäses bestreichen, Lauch, Zwiebeln, Chorizo und Oliven darauf verteilen. Den restlichen Pflanzenkäse esslöffelweise daraufgeben. Mit Majoran, Kräutermeersalz und schwarzem Pfeffer aus der Mühle würzen. Eventuell mit etwas Olivenöl beträufeln.

7. Im vorgeheizten Backofen auf der unteren Schiene in 15–20 Minuten knusprig braun backen. Den Flammkuchen aus dem Ofen nehmen, am besten auf ein großes Holzbrett legen, in 8 gleich große Stücke vorschneiden und servieren.

FLAMMKUCHEN
mediterran

Zutaten für 2 Stück

- 500 g Dinkelvollkornmehl
- 1 Würfel Bio-Frischhefe
- 325 ml Wasser
- 3 EL natives Olivenöl
- 1 gestr. EL Meer- oder Steinsalz

Für den Belag

- 1 Bund Frühlingszwiebeln
- 180 g getr. eingelegte Tomaten
- 100 g Cocktailtomaten
- 100 g schwarze Oliven ohne Stein
- etwas Rosmarin und Thymian
- Meersalz
- schwarzer Pfeffer aus der Mühle
- Pflanzenkäse (siehe Rezept Seite 87)

Zeitbedarf

- 50 Minuten
- 60 Minuten einweichen
- 30 Minuten ruhen
- 20 Minuten backen

So geht's

1. Den Pflanzenkäse nach Rezept (siehe Seite 87) zubereiten.

2. Das Dinkelmehl in eine Schüssel geben, eine Mulde in die Mitte drücken und darin die zerbröckelte Hefe in etwas lauwarmem Wasser auflösen. Nach und nach das restliche Wasser dazugeben und zu einem glatten Teig verkneten. Zugedeckt 20–30 Minuten an einem warmen Ort gehen lassen.

3. Die Frühlingszwiebeln putzen, waschen und in Ringe schneiden. Die eingelegten Tomaten abtropfen lassen und in kleine Stücke schneiden, die Cocktailtomaten waschen und halbieren.

4. 2 Backbleche bemehlen und den Backofen auf 220 °C (Umluft 200 °C) vorheizen. Den Teig mit Olivenöl und Meersalz glatt kneten. Den Teig halbieren und zu 2 ovalen Flammkuchen (jeweils in Blechgröße) formen. Auf 2 Bleche legen.

5. Die Teigstücke mit ¾ des Pflanzenkäses bestreichen, Frühlingszwiebeln, getrocknete Tomaten, Cocktailtomaten und Oliven gleichmäßig darauf verteilen. Den restlichen Pflanzenkäse esslöffelweise daraufgeben. Mit frischem oder getrocknetem Thymian und Rosmarin, Meersalz und Pfeffer würzen. Eventuell noch mit etwas Olivenöl beträufeln.

6. Die Flammkuchen im vorgeheizten Backofen auf der unteren Schiene in 15–20 Minuten knusprig braun backen und sofort servieren.

SO SCHMECKT'S AUCH | WÜRZEN Wer es gerne etwas schärfer mag, kann den mediterranen Flammkuchen statt mit schwarzem Pfeffer auch mit etwas Chilipulver würzen.

FLAMMKUCHEN
ganz klassisch

Zutaten für 2 Stück

Für den Teig

100 g Buchweizenmehl

400 g Dinkelmehl Typ 1050

1 Würfel Bio-Frischhefe

325 ml Wasser

3 EL natives Sonnenblumenöl

1 gestr. EL Meer- oder Steinsalz

Für den Belag

4 mittelgroße rote Zwiebeln

1 Knoblauchzehe

1 EL Sonnenblumenöl

50 g Räuchertofu

1 TL Worcestershiresauce

400 g pflanzlicher Sauerrahm

1 TL Kräutermeersalz

2 TL getr. Majoran

1 TL gem. Kümmel

schwarzer Pfeffer aus der Mühle

Zeitbedarf
- 50 Minuten
- 30 Minuten ruhen
- 20 Minuten backen

So geht's

1. Buchweizen- und Dinkelmehl in eine Schüssel geben, in die Mitte eine Mulde drücken und darin die zerbröckelte Hefe in etwas lauwarmem Wasser auflösen. Nach und nach das restliche Wasser dazugeben und zu einem glatten Teig verkneten. Zugedeckt 20–30 Minuten an einem warmen Ort gehen lassen.

2. Die Zwiebeln schälen und in Ringe schneiden. Den Knoblauch schälen, klein schneiden und in einer kleinen Pfanne in Sonnenblumenöl anbraten. Den Räuchertofu in sehr kleine Würfel schneiden, dazugeben und ca. 3–5 Minuten braten, mit Worcestershiresauce ablöschen. Den Sauerrahm unterziehen und mit Salz würzen.

3. 2 Backbleche bemehlen und den Backofen auf 220 °C (Umluft 200 °C) vorheizen. Den Teig mit Olivenöl und Meersalz glatt kneten. Den Teig halbieren und zu 2 großen (jeweils in Blechgröße) oder 4 kleinen ovalen Flammkuchen formen. Auf 2 Bleche legen. Mit der Sauerrahm-Mischung bestreichen, die Zwiebeln darauf verteilen und leicht andrücken. Mit getrocknetem Majoran, Kümmel und Pfeffer würzen.

4. Die Flammkuchen im vorgeheizten Backofen auf der unteren Schiene in 15–20 Minuten knusprig braun backen und sofort servieren.

FLAMMKUCHEN
mit Süßkartoffel

Zutaten für 2 Stück

Für den Teig

500 g Dinkelvollkornmehl

1 Würfel Bio-Frischhefe

325 ml Wasser

3 EL natives Olivenöl

1 gestr. EL Meer- oder Steinsalz

Für den Belag

2 mittelgroße rote Zwiebeln

½ Süßkartoffel

1 Knoblauchzehe

1 EL Sonnenblumenöl

50 g Bio-Tofu

1 TL Worcestershiresauce

400 g pflanzlicher Sauerrahm

1 TL Kräutermeersalz

1 EL natives Olivenöl zum Beträufeln

1 TL getr. Majoran

1 TL getr. Thymian

schwarzer Pfeffer aus der Mühle

Zeitbedarf
- 50 Minuten
- 30 Minuten ruhen
- 20 Minuten backen

So geht's

1. Das Dinkelmehl in eine Schüssel geben, in die Mitte eine Mulde drücken und die zerbröckelte Hefe darin in etwas lauwarmem Wasser auflösen. Nach und nach das restliche Wasser dazugeben und zu einem glatten Teig verkneten. Zugedeckt 20–30 Minuten an einem warmen Ort gehen lassen.

2. Die Zwiebeln schälen und in Ringe schneiden. Die Süßkartoffel waschen, bürsten und in sehr dünne Scheiben schneiden. Den Knoblauch klein schneiden und mit Sonnenblumenöl in einer kleinen Pfanne anbraten. Den Tofu in sehr kleine Würfel schneiden, dazugeben und 3–5 Minuten braten, mit Worcestershiresauce ablöschen. Den Sauerrahm unterziehen und mit Salz würzen.

3. 2 Backbleche bemehlen und den Backofen auf 220 °C (Umluft 200 °C) vorheizen.

4. Den Teig mit Olivenöl und Meersalz glatt kneten. Den Teig halbieren und zu 2 ovalen Flammkuchen (jeweils in Blechgröße) formen. Auf 2 Bleche legen. Mit der Sauerrahm-Mischung gleichmäßig bestreichen, die Zwiebeln darauf verteilen und leicht andrücken. Die Süßkartoffelscheiben darauf verteilen, mit etwas Olivenöl beträufeln. Mit getrocknetem Majoran, Thymian und Pfeffer würzen.

5. Die Flammkuchen im vorgeheizten Backofen auf der unteren Schiene in 15–20 Minuten knusprig braun backen und sofort servieren.

SPINATTÖRTCHEN
mit Pinienkernen

PAPRIKATÖRTCHEN
mit Basilikum

Für 4 Törtchen (12 cm Ø)

Für den Teig
- 50 g Buchweizenmehl
- 75 g Dinkelvollkornmehl
- 40 g natives Olivenöl
- 1 TL Meer- oder Steinsalz

Für den Belag
- 1 rote Zwiebel
- 1 Knoblauchzehe
- 250 g Spinat
- 2 EL natives Olivenöl
- 100 ml Bio-Sojasahne
- 40 g Pinienkerne
- 1 geh. TL Kräutermeersalz
- 2 TL Currypulver
- 1 EL Guarkernmehl

Zeitbedarf
- 40 Minuten
- 45 Minuten ruhen
- 20 Minuten backen

So geht's

1. Buchweizenmehl und Dinkelvollkornmehl in eine Schüssel geben, mit Olivenöl und Salz dynamisch, aber entspannt zu einem glatten Teig kneten. Zugedeckt 30–45 Minuten im Kühlschrank ruhen lassen.

2. Die Zwiebel und den Knoblauch schälen und in kleine Würfel schneiden. Den Spinat waschen und gut abtropfen lassen. Wird grober Winterspinat verwendet, diesen etwas zerkleinern. Die Tartelettes-Förmchen gut fetten. Den Backofen auf 180 °C (Umluft 160 °C) vorheizen.

3. In einem Topf das Olivenöl erhitzen, Zwiebel und Knoblauch darin andünsten, den Spinat zugeben und bei schwacher Hitze kurz mitdünsten. Eventuell mit wenig Wasser ablöschen. Die Sojasahne unterziehen, die Pinienkerne hinzugeben und mit Salz und Currypulver würzen. Zum Schluss das Guarkernmehl unterziehen.

4. Den Teig aus dem Kühlschrank nehmen, in 4 Portionen teilen und in die vorbereiteten Förmchen drücken. Die Spinatmasse gleichmäßig auf die Förmchen verteilen.

5. Die Törtchen auf einem Gitter auf der unteren Schiene 15–20 Minuten backen. Vorsichtig aus den Förmchen nehmen und sofort servieren.

Für 4 Törtchen (12 cm Ø)

Für den Teig
siehe Rezept Spinattörtchen

Für den Belag
- 1 rote Zwiebel
- 1 Knoblauchzehe
- 200 g rote Paprikaschote
- 2 EL natives Olivenöl
- 2 EL Wasser
- 2 EL Tomatenmark
- 100 ml Bio-Sojasahne
- 1 geh. TL Kräutermeersalz
- schwarzer Pfeffer aus der Mühle
- 1 EL Guarkernmehl
- 4 Basilikumblätter zum Garnieren

Zeitbedarf
- 40 Minuten
- 45 Minuten ruhen
- 20 Minuten backen

So geht's

1. Den Teig nach Rezept zubereiten.

2. Zwiebel und Knoblauch schälen und in kleine Würfel schneiden. Die Paprikaschote waschen, entkernen und in kleine Stücke schneiden. Die Tartelettes-Förmchen gut fetten. Den Backofen auf 180 °C (Umluft 160 °C) vorheizen.

3. In einem Topf das Olivenöl erhitzen, Zwiebel und Knoblauch darin andünsten, die Paprikawürfel zugeben und mit etwas Wasser bei schwacher Hitze ca. 10 Minuten weich dünsten. Tomatenmark und Sojasahne unterziehen, mit Salz und Pfeffer würzen. Das Guarkernmehl unterziehen.

4. Den Teig aus dem Kühlschrank nehmen, in 4 Portionen teilen und in die vorbereiteten Förmchen drücken. Die Paprikamasse gleichmäßig auf die Förmchen verteilen.

5. Die Törtchen auf einem Gitter auf der unteren Schiene 15–20 Minuten backen. Vorsichtig aus der Form nehmen, mit je 1 Basilikumblatt garnieren und heiß servieren.

PIZZA, FLAMMKUCHEN & CO.

FOCACCIA
mit Cocktailtomaten

DAS ITALIENISCHE FLADENBROT IST SEIT EINIGEN JAHREN AUCH BEI UNS SEHR BELIEBT – UND SCHMECKT AUCH KÖSTLICH MIT FRISCHEN KRÄUTERN.

Zutaten für 1 Stück

- 300 g Dinkelvollkornmehl
- ½ Würfel Bio-Frischhefe
- 225 ml Wasser
- 50 g Cocktailtomaten
- 2 EL natives Olivenöl
- 1 TL Meer- oder Steinsalz
- 2–3 EL Olivenöl zum Bestreichen
- etwas Rosmarin
- grobes Meersalz (Fleur de Sel)
- schwarzer Pfeffer aus der Mühle oder Chilipulver

Zeitbedarf
- 20 Minuten
- 45 Minuten ruhen
- 20 Minuten backen

So geht's

1. Das Dinkelmehl in eine Schüssel geben, in die Mitte eine Mulde drücken und darin die zerbröckelte Hefe in etwas lauwarmem Wasser auflösen. Nach und nach das restliche Wasser dazugeben und zu einem elastischen Teig verkneten, der sich gut von der Schüssel löst. Den Teig zugedeckt an einem warmen Ort 20–30 Minuten gehen lassen.

2. In der Zwischenzeit die Cocktailtomaten waschen und halbieren. Ein Backblech zur Hälfte einfetten.

3. Den Teig mit Olivenöl und Meersalz verkneten. Auf einer bemehlten Arbeitsfläche den eher weichen Teig nochmals kurz kneten, dann auf das gefettete Backblech drücken, sodass genau eine Hälfte belegt ist. Den Teig gleichmäßig eindrücken [→a] und mit Olivenöl bepinseln. Frische Rosmarinnadeln oder etwas getrockneten Rosmarin darüberstreuen und mit grobem Salz und Pfeffer bzw. Chilipulver würzen. Die Cocktailtomaten mit der runden Seite in den Teig drücken. Den Teig nochmals 10–15 Minuten gehen lassen. Den Backofen auf 220 °C (Umluft 200 °C) vorheizen.

4. Die Focaccia im vorgeheizten Backofen auf der unteren Schiene in ca. 20 Minuten goldbraun backen. Herausnehmen, in 6 gleich große Stücke schneiden und möglichst frisch servieren.

Passt gut als Beilage zu Salaten und Suppen, aber auch als Snack, z. B. mit einem mediterranen Tomatenaufstrich.

SO SCHMECKT'S AUCH | BELAG Klassisch wird die Focaccia auch mit 50 g Oliven belegt. Auch köstlich: 30 g getrocknete Tomaten, 30 g grüne Oliven und ½ Peperoncini. Die Tomaten gut in den Teig drücken, damit sie nicht verbrennen.

[a]

So *gelingt's* SICHER

[a] **MULDEN** Kleine Mulden, die man mit den Fingerkuppen gleichmäßig verteilt in den Hefeteig drückt, sind ganz typisch für die Focaccia.

KUCHEN
& Torten

SÜSSES MUSS NICHT ZWANGSLÄUFIG UNGESUND SEIN. VOLLWERTIG UND VEGAN BIETET EINE GROSSE AUSWAHL AN ZUTATEN WIE NÜSSE, GETROCKNETE APRIKOSEN UND DATTELN, AUS DENEN SICH TOLLE KÖSTLICHKEITEN ZAUBERN LASSEN.

KUCHEN & TORTEN

KÄSEKUCHEN
mit Mohn

EINFACH KÖSTLICH SCHMECKT DIESE VARIANTE DES KLASSIKERS
UND DURCH DIE MOHNSCHICHT BESONDERS SAFTIG UND AROMATISCH.

Für 1 Springform (Ø 24 cm)

- 200 g Dinkelvollkornmehl
- 50 g gem. Haselnüsse
- 75 g Rohrohrzucker
- ½ Päckchen Weinstein-Backpulver
- 150 g weiche ungehärtete Pflanzenmargarine
- 2 EL Pflanzenmilch
- 1 Msp. Vanillepulver

Für den Belag

- 125 g Mohn
- 200 ml Pflanzenmilch (vorzugsweise Mandelmilch)
- 170 g Rohrohrzucker
- 4 EL Bio-Maisgries
- 2 EL Rum
- 400 g Bio-Tofu
- 125 g ungehärtete Pflanzenmargarine
- Schale und Saft von ½ Bio-Zitrone
- 1 EL Kokosmehl (ersatzweise Sojamehl)
- 1 EL Guarkernmehl
- ½ TL Vanillepulver
- Meer- oder Steinsalz

Zeitbedarf
- 45 Minuten
- 60 Minuten ruhen
- 45 Minuten backen

So geht's

1. Für den Teig das Dinkelvollkornmehl, die gemahlenen Haselnüsse, den Rohrohrzucker und das Backpulver in eine Schüssel geben. Die weiche Pflanzenmargarine, die Pflanzenmilch, Vanillepulver und 1 Prise Salz dazugeben und alles gut miteinander verkneten. Den Teig bedeckt für 1 Stunde in den Kühlschrank stellen.

2. Den Mohn mahlen und mit der Pflanzenmilch, 3 geh. EL Rohrohrzucker, Maisgrieß und Rum verrühren und kurz aufkochen. Bei ausgeschalteter Hitze zugedeckt weitere 10–15 Minuten quellen lassen.

3. In einer Schüssel den Tofu mit einer Gabel zerkleinern. Die weiche Pflanzenmargarine, den restlichen Zucker, abgeriebene Zitronenschale und Zitronensaft hinzufügen und mit dem Mixstab zu einer glatten Masse pürieren. Kokosmehl, Guarkernmehl, Vanille und 1 Prise Salz unterziehen. Die Springform fetten. Den Backofen auf 180 °C (Umluft 160 °C) vorheizen.

4. Den gekühlten Teig gleichmäßig in die Springform drücken und am Rand ca. 3 cm hochziehen. Zuerst die Mohn-Masse gleichmäßig auf dem Teigboden verteilen. Dann die Tofu-Masse gleichmäßig darüberstreichen.

5. Den Kuchen im vorgeheizten Backofen auf der unteren Schiene in 45 Minuten goldbraun backen. Falls er zu dunkel wird, in den letzten Minuten mit Alufolie abdecken.

SO SCHMECKT'S AUCH | MIT FRÜCHTEN Wer Mohn nicht so gerne mag, kann stattdessen 3–4 Birnen in Stücke schneiden, in 2 EL Sonnenblumenöl andünsten, zugedeckt ca. 5 Minuten weich dünsten und mit 2 EL Ahornsirup süßen. Auf dem Teig verteilen und die Tofumasse darüberstreichen. Durch die Nüsse wird der Teig etwas bröselig, wen das stört, der ersetzt einfach die Nüsse durch 50 g Mehl.

SO gelingt's SICHER

[a] DECKEL ZUSCHNEIDEN Die Springform auf den ausgerollten Teig stellen und rundherum mit einem Messer ausschneiden.

[b] DECKEL AUFLEGEN Die zugeschnittene Teigdecke auf die Nussmasse legen, dann das Backpapier abziehen und den Teig am Rand leicht andrücken.

WALNUSSTORTE
mit Ahornsirup

DIE NÜSSE DER WUNDERBAR KARAMELLIG-SAFTIGEN FÜLLUNG SIND NICHT NUR BESONDERS AROMATISCH, SONDERN AUCH GESUNDE ENERGIESPENDER.

Für 1 Springform (Ø 24 cm)

- 300 g Dinkelvollkornmehl
- 150 g weiche ungehärtete Pflanzenmargarine
- 100 g unraffinierter Rohrohrzucker
- 1 Msp. Meer- oder Steinsalz
- 50 ml Pflanzenmilch (vorzugsweise Mandelmilch)

Für die Füllung

- 300 g Walnusskerne
- 100 g unraffinierter Rohrohrzucker
- 4 EL Ahornsirup (ersatzweise Agaven-Dicksaft)
- 2 EL Rum
- 125 ml Sojasahne
- abgeriebene Schale von ½ Bio-Orange
- Mark von ½ Vanilleschote
- 1 Msp. Zimtpulver
- 1 Msp. Macisblüte
- 1 Msp. Meer- oder Steinsalz
- Ahornsirup zum Bestreichen

Zeitbedarf
- 45 Minuten
- 1 Stunde ruhen
- 45 Minuten backen

So geht's

1. Das Dinkelvollkornmehl mit der in Stücke geschnittenen Pflanzenmargarine, Rohrohrzucker, Meersalz und Pflanzenmilch zu einem glatten Teig verkneten. Den Teig zugedeckt 1 Stunde im Kühlschrank ruhen lassen.

2. Von den Walnüssen 12 Hälften abnehmen und für die Dekoration beiseitelegen. Die restlichen Walnüsse grob hacken und in einer Pfanne ohne Fett anrösten.

3. In einem Topf Rohrohrzucker mit Ahornsirup bei kleiner Hitze schmelzen lassen, den Rum dazugeben und kurz aufkochen. Die angerösteten Walnüsse und die Sojasahne darunterziehen, nochmals kurz erhitzen und karamellisieren lassen. Vom Herd ziehen, die abgeriebene Orangenschale, das ausgeschabte Vanillemark, Zimt, Macisblüte und Meersalz unterziehen.

4. Eine Springform einfetten. Den Backofen auf 180 °C (Umluft 160 °C) vorheizen. Den Teig aus dem Kühlschrank nehmen, ⅔ davon in die Springform drücken, dabei einen 2 cm hohen Rand formen.

5. Die Walnuss-Masse gleichmäßig auf dem Boden verteilen. Den restlichen Teig auf Backpapier ausrollen, einen Teigdeckel zuschneiden [→a] und auf die Walnuss-Masse legen [→b].

6. Die Teigdecke mit Ahornsirup bepinseln und mit den Walnusshälften dekorieren. Die Torte im vorgeheizten Backofen auf der unteren Schiene in ca. 45 Minuten goldbraun backen.

SO SCHMECKT'S AUCH | NÜSSE Wer kein Walnuss-Fan ist, kann auch andere Nüsse nehmen, z. B. eine Mischung aus 100 g Pekannüssen, 100 g Haselnüssen, 50 g Cashewkernen und 50 g Paranüssen. Die Nüsse grob hacken und wie die Walnüsse weiterverarbeiten. Als Dekoration machen sich halbierte Pekannüsse besonders gut.

LINZER TORTE
mit Himbeerkonfitüre

DER ÖSTERREICHISCHE KLASSIKER WIRD TRADITIONELL MIT ROTER KONFITÜRE ZUBEREITET, SCHMECKT ABER AUCH MIT ORANGENKONFITÜRE GUT.

Für 1 Springform (Ø 24 cm)

- 200 g Dinkelvollkornmehl
- 100 g gem. Haselnüsse
- 100 g gem. Mandeln
- 200 g weiche ungehärtete Pflanzenmargarine
- 100 g unraffinierter Rohrohrzucker
- ½ TL Zimtpulver
- Mark von ½ Vanilleschote oder ½ TL Vanillepulver
- 1 Msp. Meersalz
- ca. 250 g Himbeerkonfitüre

Zeitbedarf
- 30 Minuten
- 1 Stunde ruhen
- 50 Minuten backen

So geht's

1. Das Dinkelvollkornmehl mit Haselnüssen und Mandeln in eine Schüssel geben. Die in Stücke geschnittene Pflanzenmargarine, den Rohrohrzucker, ausgeschabtes Vanillemark oder Vanillepulver, Zimt und Meersalz dazugeben und alle Zutaten zu einem glatten Teig verkneten. Den Teig zugedeckt für 1 Stunde in den Kühlschrank stellen.

2. Eine Springform einfetten. Den Backofen auf 180 °C (Umluft 160 °C) vorheizen.

3. Den Teig aus dem Kühlschrank nehmen. Etwa ⅔ vom Teig abnehmen und die Springform damit auslegen [→a]. Die Konfitüre gleichmäßig auf den Boden streichen. Den restlichen Teig auf einer bemehlten Arbeitsfläche oder auf Backpapier ausrollen und etwa 2 cm breite Streifen ausschneiden. Die Streifen gitterartig auf die Torte legen und am Rand leicht andrücken.

4. Die Torte im vorgeheizten Backofen auf der unteren Schiene in 45–50 Minuten goldbraun backen.

SO SCHMECKT'S AUCH | FÜR DAS TEIGGITTER kann man aus dem restlichen Teig auch Schnüre rollen. Dafür jeweils ein kleines Stück Teig abnehmen, zu einer Kugel formen und auf einer leicht bemehlten Arbeitsfläche mit den Handflächen zu bleistiftdicken Schnüren rollen.

[a]

So *gelingt's* SICHER

[a] TEIGBODEN Den Teig mit den Händen in die Springform drücken, dabei einen ca. 2 cm hohen Rand formen.

HASELNUSSTASCHEN
mit Dinkel

NUSSPOWER PUR! DIE VOLLKORNTÄSCHCHEN SIND EINFACH ZUZUBEREITEN UND SCHMECKEN WUNDERBAR ZU EINER TASSE KAFFEE ODER TEE.

Zutaten für 16 Stück

Für den Teig

250 g Dinkelvollkornmehl

75 g ungehärtete Pflanzenmargarine

2 EL unraffinierter Rohrohrzucker

⅛ l Dinkelmilch

1 Msp. Meersalz

Für die Füllung

100 g gem. Haselnüsse

80 g weiche ungehärtete Pflanzenmargarine

2 EL unraffinierter Rohrohrzucker

1 Msp. abgeriebene Bio-Orangenschale

1 Msp. Zimtpulver

1 Msp. Vanillepulver

16 Haselnüsse für die Dekoration

Ahornsirup zum Bestreichen

Zeitbedarf
- 45 Minuten
- 1 Stunde ruhen
- 30 Minuten backen

So geht's

1. Das Dinkelvollkornmehl, die in Stücke geschnittene Pflanzenmargarine, den Rohrohrzucker, die Pflanzenmilch und das Meersalz in eine Schüssel geben und zu einem glatten Teig verkneten. Den Teig zugedeckt 1 Stunde im Kühlschrank ruhen lassen.

2. Die Haselnüsse in einer Schüssel mit Pflanzenmargarine und Rohrzucker verrühren. Mit Orangenschale, Zimt- und Vanillepulver würzen.

3. Ein Backblech dünn einfetten oder mit Backpapier auslegen. Den Backofen auf 180 °C (Umluft 160 °C) vorheizen.

4. Den Teig aus dem Kühlschrank nehmen, auf einer bemehlten Arbeitsfläche zu einem Quadrat ausrollen (ca. 40 x 40 cm) und in 16 gleich große Quadrate teilen. Die Haselnuss-Masse mit einem Esslöffel mittig auf die Quadrate verteilen und die 4 Ecken der Teigstücke nach innen zur Mitte einschlagen. In die Mitte jeweils eine Haselnuss eindrücken.

5. Die Haselnuss-Taschen auf das Blech legen und mit Ahornsirup bepinseln. Im vorgeheizten Backofen auf der unteren Schiene in 25–30 Minuten goldbraun backen.

APRIKOSEN-ECKEN
mit Mandeln

DIE KLEINEN DREIECKE, MIT EINER FEINEN MISCHUNG AUS GETROCKNETEN APRIKOSEN UND NÜSSEN GEFÜLLT, SIND VERFÜHRERISCH FRUCHTIG.

Zutaten für 16 Stück

Für den Teig

- 250 g Dinkelvollkornmehl
- 75 g natives Sonnenblumenöl
- 2 EL unraffinierter Rohrohrzucker
- ⅛ l Dinkelmilch
- 1 Msp. Meersalz

Für die Füllung

- 100 g getr. Bio-Aprikosen
- 125 ml Wasser
- 100 g Mandeln
- 2 EL Rohrohrzucker
- 1 EL Mandellikör
- 1 Msp. Vanillepulver
- Ahornsirup zum Bestreichen

Zeitbedarf
- 45 Minuten
- 1 Stunde ruhen
- 30 Minuten backen

So geht's

1. Das Dinkelvollkornmehl, das Sonnenblumenöl, den Rohrohrzucker, die Pflanzenmilch und das Meersalz in eine Schüssel geben und zu einem glatten Teig verkneten. Den Teig bedeckt 1 Stunde im Kühlschrank ruhen lassen.

2. Die getrockneten Aprikosen in heißem Wasser einweichen und 30 Minuten quellen lassen. 75 g Mandeln fein mahlen, die restlichen Mandeln grob hacken.

3. Die Aprikosen mit dem Einweichwasser und dem Rohrohrzucker in einem hohen Gefäß mit dem Pürierstab pürieren. Die gemahlenen und gehackten Mandeln, Mandellikör und Vanillepulver unterziehen.

4. Ein Backblech dünn einfetten oder mit Backpapier auslegen. Den Backofen auf 180 °C (Umluft 160 °C) vorheizen.

5. Den Teig aus dem Kühlschrank nehmen, auf einer bemehlten Arbeitsfläche zu einem Quadrat ausrollen (ca. 40 x 40 cm) und in 16 gleich große Quadrate teilen. Die Aprikosen-Masse mit einem Esslöffel mittig auf die Quadrate verteilen und die Teigstücke diagonal zu Dreiecken falten. Die Teigränder mit den Fingern gut andrücken.

6. Die Aprikosen-Ecken auf das Blech legen und mit Ahornsirup bepinseln. Im vorgeheizten Backofen auf der unteren Schiene in 25–30 Minuten goldbraun backen.

So gelingt's sicher

[a] KUCHEN TRÄNKEN Mit einem Holzstäbchen von oben Löcher in den Kuchen stechen und den Rum mit einem Löffel hineinträufeln.

NUSSKUCHEN
mit Aprikosen & Rum

EIN EINFACHER RÜHRKUCHEN, ABER SEIN APRIKOSEN-NUSS-AROMA STEIGERT SICH NOCH TAGE NACH DEM BACKEN UND IST UNWIDERSTEHLICH.

Für 1 Kastenform (25 cm lang)

- 175 g weiche ungehärtete Pflanzenmargarine
- 175 g unraffinierter Rohrohrzucker
- 200 g Dinkelmehl Typ 630
- 150 g gem. Haselnüsse
- ½ Päckchen Weinstein-Backpulver
- 3 EL Sojamehl
- 150 ml Pflanzenmilch (vorzugsweise Mandelmilch)
- 1 Msp. Meersalz
- 8 Tropfen Tonka-Bio-Aroma
- 30 ml Rum
- 50 g Aprikosenmarmelade
- ca. 2 EL Wasser
- 75 g vegane Kuvertüre

Zeitbedarf
- 45 Minuten
- 60 Minuten backen

So geht's

1. Den Backofen auf 190 °C (Umluft 170 °C) vorheizen und ein Gitter auf die untere Schiene stellen. Eine Kastenform einfetten.

2. Die Pflanzenmargarine mit Rohrohrzucker in einer Schüssel mit dem Handrührgerät verrühren. Das Dinkelmehl, die Haselnüsse, das Backpulver und das Sojamehl hinzugeben. Die Pflanzenmilch portionsweise dazugeben und alles gut miteinander verrühren. Mit Meersalz und Tonka-Aroma abschmecken.

3. Den Teig in die gefettete Kastenform geben und mit der Teigkarte glatt streichen. Im vorgeheizten Backofen auf der unteren Schiene 50–60 Minuten backen. Mit einem Holzstäbchen in den Teig stechen und prüfen, ob der Kuchen fertig ist. Wenn keine feuchten Teigreste mehr am Stäbchen kleben, dann ist der Kuchen perfekt.

4. Die Form aus dem Backofen nehmen, mit einem Messer ringsherum vom Rand lösen und in der Form vollständig auskühlen lassen.

5. Den ausgekühlten Kuchen aus der Form lösen und auf eine Platte legen. Den Kuchen mit Rum tränken [→a]. Die Aprikosenmarmelade in einem kleinen Topf mit ca. 2 EL Wasser erwärmen. Je nach Konsistenz der Marmelade diese zusätzlich durch ein Sieb streichen, noch warm auf dem Kuchen verteilen und einziehen lassen. Die Kuvertüre im Wasserbad schmelzen und den Kuchen mit einem Pinsel von der Mitte aus gleichmäßig überziehen.

SO SCHMECKT'S AUCH | NÜSSE RÖSTEN Besonders aromatisch schmeckt der Kuchen, wenn man Haselnusskerne verwendet, die man vor dem Mahlen in einer Pfanne ohne Fett anröstet.

NÜSSE
kernige Energiespender

SIE GELTEN SEIT JAHRTAUSENDEN ALS EINE DER WERTVOLLSTEN NAHRUNGSQUELLEN. DOCH NÜSSE HABEN NICHT NUR JEDE MENGE GESUNDER INHALTSSTOFFE, SONDERN SCHMECKEN AUCH SEHR GUT. JEDEN TAG EINE HANDVOLL DER KERNE VERSORGT UNS MIT VIELEN LEBENSNOTWENDIGEN VITALSTOFFEN, HÄLT FIT UND GESUND – VORAUSGESETZT, ES BESTEHT KEINE ALLERGIE!

GESUNDE KRAFTPAKETE

Streng botanisch betrachtet gehört zwar das, was wir umgangssprachlich als Nüsse bezeichnen, verschiedenen Familien an – Mandeln, Cashewkerne, Pistazien und Pekannüsse zählen beispielsweise zu den Steinfrüchten – doch es gibt sehr viele Gemeinsamkeiten. Sie enthalten in rohem Zustand 15–20 % hochwertiges pflanzliches Eiweiß und 50–65 % wertvolles Fett, wie die einfach und mehrfach ungesättigten Fettsäuren sowie Linolsäure. Nüsse übertreffen alle anderen Lebensmittelgruppen mit ihrem hohen Gehalt an Mineralstoffen und Spurenelementen wie z. B. Kalium, Calcium, Magnesium, Eisen und Zink. Und sie enthalten besonders viel Vitamin A, E und Vitamine der B-Gruppe.

Nach neuesten Studien amerikanischer Wissenschaftler, die den Lebensstil, die Angewohnheiten und Krankengeschichte von 119.000 Männer und Frauen aufzeichneten, wiesen die Probanden, die beinahe täglich Nüsse aßen, ein 20 % niedrigeres Sterberisiko auf. Bei dieser Kontrollgruppe war auch das Risiko, an einem Herzinfarkt zu sterben, um 29 % geringer. Wenngleich man keine endgültige Erklärung für die lebensverlängernden Eigenschaften von Nüssen finden konnte, so herrscht Einigkeit darüber, dass der entscheidende positive Effekt von Nüssen für die Gesundheit in ihren Inhaltsstoffen und deren spezieller Zusammensetzung liegt. Die hochwertigen Fettsäuren, Vitamine, Mineralstoffe und Antioxidantien haben einen nachgewiesenen positiven Einfluss auf den Cholesterinspiegel, den Blutdruck und bei entzündlichen Prozessen.

IDEAL ZUM BACKEN

Nüsse sind aufgrund ihres außergewöhnlich hohen Gehalts an Vitalstoffen die idealen Lebensmittel der veganen Vollwertkost. Sie eignen sich nicht nur hervorragend zum Backen von Kuchen und Keksen, sondern auch für kernig-fruchtige Powerballs und Müslis. Und aus Nüssen lässt sich ganz einfach eine pflanzliche Milch herstellen, die eine wichtige Grundzutat der veganen Backkunst ist.

MANDELMILCH

So geht's: 100 g Mandeln einige Stunden (am besten über Nacht) einweichen. Das Wasser abgießen, die Mandeln kurz abspülen und mit etwa der dreifachen Menge Wasser im Mixer pürieren. Für eine feinere Konsistenz kann man die Milch anschließend durch ein Haarsieb oder Tuch gießen. Die Nussmilch hält sich im Kühlschrank ca. 3 Tage. Statt Mandeln kann man auch andere Nüsse oder eine Mischung verschiedener Kerne verwenden. Über die Wassermenge, die man dabei zugibt, lässt sich die Konsistenz der Pflanzenmilch beliebig verändern.

Süßen: Will man die Milch süßen, einfach ca. 30 g entsteinte Datteln oder andere Trockenfrüchte wie Aprikosen oder Feigen untermixen. So lässt sich schnell und unkompliziert ein Drink oder eine köstliche vegane Creme herstellen, die man einfach so genießen oder auch als dickflüssige Grundlage fürs Müsli verwenden kann.

Gut zu wissen: Wenn es mal schnell gehen muss, gebe ich die Nüsse auch, ohne sie vorher einzuweichen, in den Mixer und püriere sie mit Wasser.

APFELKUCHEN
gedeckt oder mit Streusel

WUNDERBAR SAFTIG UND AROMATISCH: SO ÄHNLICH HAT DIESEN
KUCHEN AUCH MEINE GROSSMUTTER SCHON FÜR UNS GEBACKEN.

Für 1 Springform (Ø 24 cm)

- 100 g gem. Mandeln
- 250 g Dinkelvollkornmehl
- 150 g weiche ungehärtete Pflanzenmargarine
- 40 ml Pflanzenmilch (vorzugsweise Mandelmilch)
- 75 g unraffinierter Rohrohrzucker
- 1 Päckchen Weinstein-Backpulver
- 1 Msp. Meersalz

Für die Füllung

- 1 kg Bio-Äpfel
- 3–5 EL Rohrohrzucker
- 2 EL Ahornsirup oder Agaven-Dicksaft
- 50 g geh. Mandeln
- ½–1 TL Zimtpulver

Für die Garnitur

- 3–4 EL Ahornsirup
- Rohrohrpuderzucker zum Bestäuben

Zeitbedarf

- 30 Minuten
- 1 Stunde ruhen
- 45 Minuten backen

So geht's

1. Die Mandeln mit Dinkelvollkornmehl, der in Stücke geschnittenen Pflanzenmargarine, Pflanzenmilch, Rohrohrzucker, Backpulver und Meersalz zu einem glatten Teig verkneten. Den Teig zugedeckt 60 Minuten im Kühlschrank ruhen lassen.

2. Die Äpfel waschen, vierteln, entkernen und klein schneiden, am besten in dünne Scheiben. In einem Topf die Äpfel mit Rohrohrzucker und Ahornsirup bei mittlerer Hitze unter Rühren andünsten. Evtl. etwas Wasser hinzufügen und bei mittlerer Hitze ca. 5–10 Minuten zugedeckt köcheln lassen. Die gehackten Mandeln und das Zimtpulver daruntermischen.

3. Die Springform einfetten. Den Backofen auf 190 °C (Umluft 170 °C) vorheizen.

4. Den Teig aus dem Kühlschrank nehmen, ca. ⅓ davon abnehmen und beiseitelegen. Den restlichen Teig gleichmäßig in die Springform drücken, dabei einen ca. 3 cm hohen Rand formen. Die Apfelmasse auf dem Boden verteilen und mit der Teigkarte leicht andrücken. Den restlichen Teig auf Backpapier dünn ausrollen und auf die Apfelmasse legen. Am Rand leicht andrücken. Ohne Ei ist die dünne Teigdecke nicht ganz so elastisch und kann daher leichter brechen. Eventuell mit der Teigkarte etwas glatter streichen. Es stört aber nicht, wenn an einigen Stellen Äpfel „durchschauen".

5. Die Teigdecke mit Ahornsirup bepinseln. Den Kuchen im vorgeheizten Ofen auf der mittleren Schiene in ca. 45 Minuten goldbraun backen.

6. Den Kuchen etwas abkühlen lassen, mit Puderzucker bestäuben und am besten noch lauwarm servieren.

SO SCHMECKT'S AUCH | MIT MANDELN ODER STREUSELN Wer möchte, kann den Kuchen zusätzlich noch mit Mandelblättchen belegen, allerdings erst ca. 15 Minuten vor Backende, damit die Mandeln nicht zu braun werden. Und wer statt einem gedeckten Apfelkuchen lieber einen mit Streuseln mag, bereitet diese aus dem restlichen Teig zu (→a) und bedeckt damit die Apfelschicht.

so *gelingt's* SICHER

[a] STREUSELKUCHEN Den restlichen Teig, statt zu einem Deckel auszurollen, mit etwas Mehl und Zucker vermischen und mit den Händen bröselig reiben. Die Streusel auf der Apfelmasse verteilen.

OBST-TÖRTCHEN
mit frischen Beeren

DIE KÖSTLICHEN KLEINEN TÖRTCHEN SIND SCHNELL GEMACHT UND LASSEN SICH MIT DEN VERSCHIEDENSTEN FRÜCHTEN UND BEEREN BELEGEN.

Zutaten für 6 Stück (8 cm Ø)

- 1 EL Sonnenblumenöl
- 70 g unraffinierter Rohrohrzucker
- 70 g Soja-Joghurt
- 80 g Dinkelmehl Typ 1050
- ½ Päckchen Weinstein-Backpulver
- 1 Prise Vanillepulver
- 1 EL Sojamehl
- 70 ml Wasser mit Kohlensäure

Für die Füllung

- 225 ml Pflanzenmilch (vorzugsweise Mandelmilch)
- ½ Päckchen Vanille-Puddingpulver
- 1 EL unraffinierter Rohrohrzucker
- ca. 150 g Beeren (vorzugsweise Heidelbeeren, Himbeeren, Erdbeeren)

Zeitbedarf
- 30 Minuten
- 20 Minuten backen

So geht's

1. Das Sonnenblumenöl mit Rohrohrzucker und Soja-Joghurt mit dem Handrührgerät verrühren. Dinkelmehl, Backpulver, Vanillepulver und Sojamehl dazugeben und unterrühren. Dann das Mineralwasser vorsichtig unterziehen, bis ein glatter Teig entsteht. Den Backofen auf 180 °C (Umluft 160 °C) vorheizen.

2. Die Tartelette-Formen einfetten und den Teig auf die Förmchen verteilen. Im vorgeheizten Backofen auf einem Gitter auf der mittleren Schiene 15–20 Minuten backen. Die Törtchen herausnehmen und abkühlen lassen.

3. Von der Mandelmilch etwas abnehmen und darin das Puddingpulver verrühren. Die restliche Mandelmilch in einem Topf zum Kochen bringen. Das Puddingpulver mit einem Schneebesen einrühren, nochmals kurz aufkochen lassen und den Rohrohrzucker unterziehen. Den Pudding abkühlen lassen.

4. Den Pudding mit einem Löffel auf die Törtchen verteilen. Die Beeren vorsichtig waschen, abtropfen lassen und die Törtchen damit belegen. Dabei die Beeren leicht in die Puddingmasse drücken.

SO SCHMECKT'S AUCH | STATT BEEREN kann man für die Törtchen auch andere frische Früchte der Saison verwenden. Gut schmecken sie auch mit Ananas- und Mangostückchen belegt. Nur für Erwachsene: Zusätzlich kann man die Törtchen noch mit 1–2 TL Mandellikör (pro Törtchen) beträufeln, bevor man den Pudding darauf verteilt.

KUCHEN & TORTEN

TARTE AU CITRON
sommerlich erfrischend

ICH GENIESSE DIESE FRANZÖSISCHEN ZITRONENTÖRTCHEN GERNE ZU EINEM MANDEL-CAPPUCCINO ODER AUCH ZU EINEM VEGANEN EISKAFFEE.

Zutaten für 4 Törtchen (12 cm Ø)

Für den Teig

125 g Dinkelvollkornmehl

100 g weiche ungehärtete Pflanzenmargarine

75 g gem. Mandeln

50 g unraffinierter Rohrohrzucker

1 Msp. Vanillepulver

1 Msp. Meersalz

Für den Belag

3 Bio-Zitronen

125 g unraffinierter Rohrohrzucker

3 EL Ahornsirup

1 EL Orangenlikör

1 gestr. TL Agar-Agar

100 ml Birnensaft

1 Msp. Zimtpulver

Zeitbedarf
- 45 Minuten
- 1 Stunde ruhen
- 30 Minuten backen

So geht's

1. Das Dinkelvollkornmehl, die in Stücke geschnittene Pflanzenmargarine und die Mandeln in eine Schüssel geben. Mit Rohrohrzucker, Vanillepulver und Meersalz zu einem glatten Teig verkneten. Den Teig zugedeckt 1 Stunde im Kühlschrank ruhen lassen.

2. Die Tartelette-Formen gut einfetten. Den Backofen auf 180 °C (Umluft 160 °C) vorheizen.

3. Den Teig aus dem Kühlschrank nehmen und in 4 gleich große Stücke teilen. Die Teigstücke gleichmäßig in die Förmchen drücken, mit einer Gabel mehrmals einstechen. Die Törtchen im vorgeheizten Backofen in 25–30 Minuten goldbraun backen. Herausnehmen und abkühlen lassen.

4. Die Zitronen halbieren und auspressen (ca. 150 ml Saft). 3 ausgepresste Zitronenhälften in kleine Stücke schneiden [→a+b]. Den Rohrohrzucker mit Ahornsirup und Orangenlikör in einem Topf kurz aufkochen und karamellisieren lassen. Den Zitronensaft und die Zitronenstückchen unterziehen, 10 Minuten unter Rühren köcheln lassen, dann mit einem Mixstab pürieren. Das Agar-Agar in etwas Birnensaft anrühren und unter die Masse rühren. Mit dem restlichen Birnensaft nochmals kurz aufkochen lassen und mit Zimt abschmecken.

5. Die abgekühlten Tartelettes vorsichtig aus den Förmchen nehmen und mit der Zitronencreme füllen. Agar-Agar bindet erst in kaltem Zustand, daher bis zum Servieren 30 Minuten einplanen.

SO SCHMECKT'S AUCH | MIT ZITRONENSCHEIBEN dekoriert sehen die Törtchen besonders schön aus. Dafür 1 Bio-Zitrone in dünne Scheiben schneiden. 75 ml Wasser mit 50 g Rohrohrzucker aufkochen, die Zitronenscheiben bei mittlerer Hitze darin ca. 5 Minuten köcheln lassen. Herausnehmen und abtropfen lassen. Die fertigen Törtchen damit dekorieren.

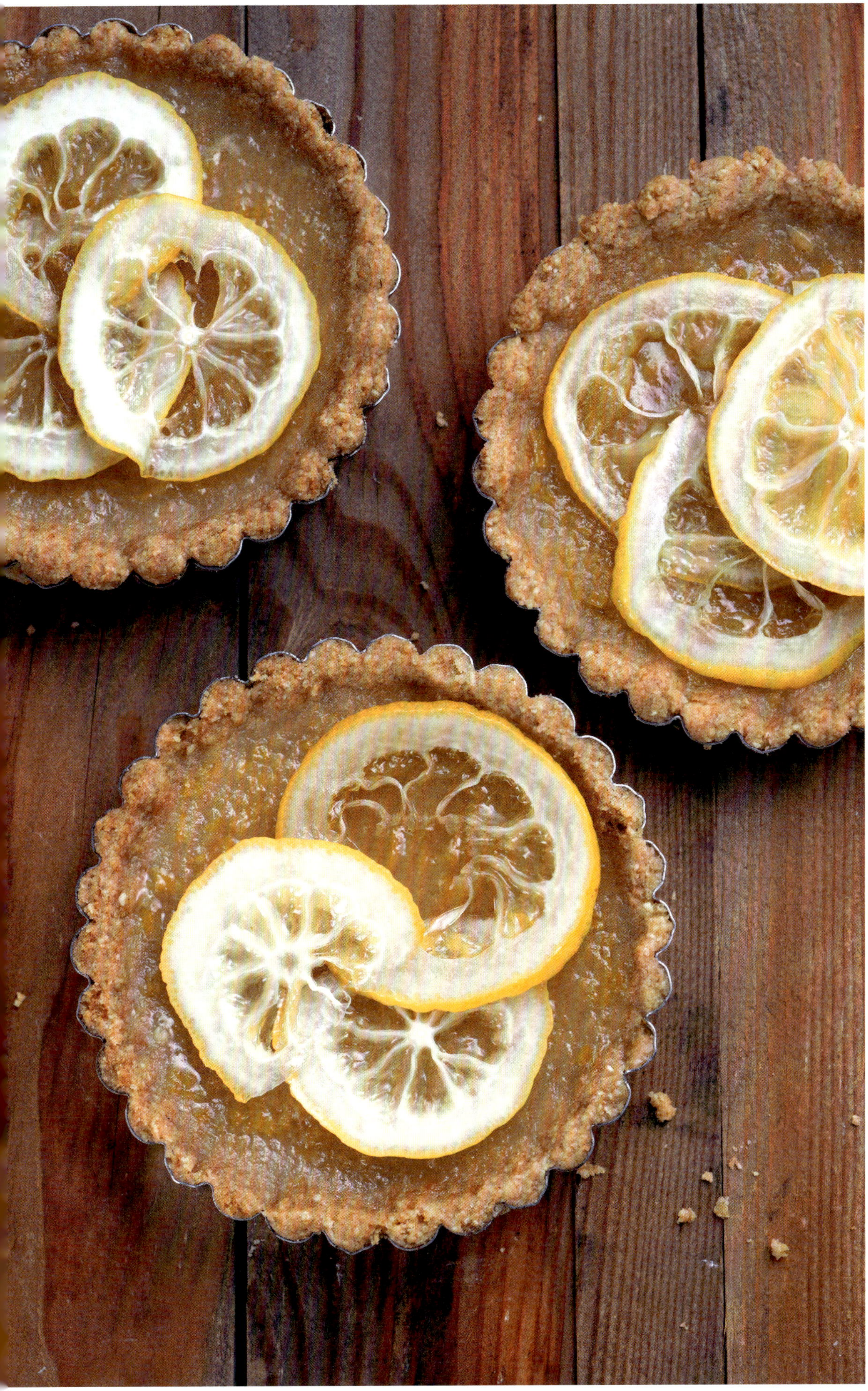

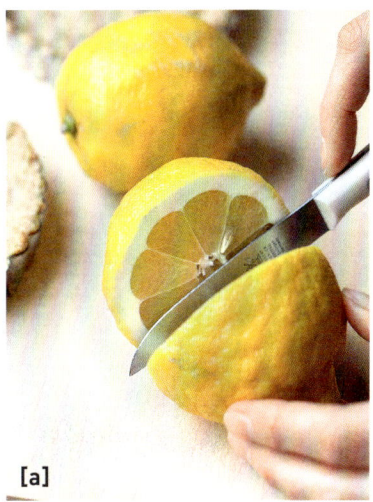

[a]

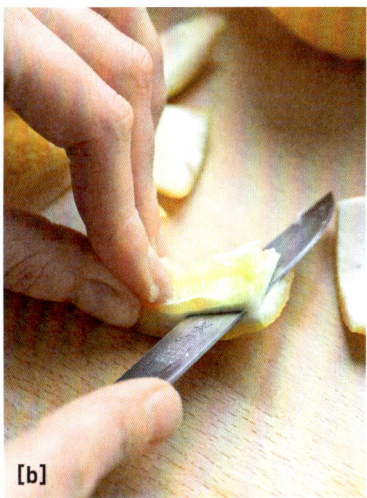

[b]

SO *gelingt's* SICHER

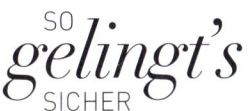

[a+b] ZITRONENMASSE Verwenden Sie dafür Bio-Zitronen mit dicker Schale. Von den ausgepressten Hälften den Ansatz und die Kerne entfernen und die Zitronenschalen in kleine Stücke schneiden.

KUCHEN & TORTEN

SACHERTORTE
Schoko-vegan macht glücklich!

DIESE VARIANTE DER ÖSTERREICHISCHEN TRADITIONS-TORTE ERFORDERT
ETWAS ZEIT UND GESCHICK, ABER DAS ERGEBNIS BELOHNT DIE MÜHE.

Für 1 Springform (Ø 18 cm)

- 50 g weiche ungehärtete Pflanzenmargarine
- 100 g unraffinierter Rohrohrzucker
- 50 ml Pflanzenmilch
- 100 g Dinkelmehl Typ 1050
- 30 g Maisstärke
- 1 geh. EL Kokosmehl
- 2 geh. EL Kakaopulver
- ½ Päckchen Weinstein-Backpulver
- ½ TL Zimtpulver
- Mark von ½ Vanilleschote oder ½ TL Vanillepulver
- 50 g vegane Zartbitter-Kuvertüre
- 50 ml Pflanzenmilch
- 35 g Pfeilwurzelmehl
- 120 g Aprikosenkonfitüre

Für den Guss

- 100 g vegane Zartbitter-Kuvertüre
- 1 EL Sonnenblumenöl
- 1 EL Rohrohr-Puderzucker

Zeitbedarf

- 1 Stunde
- 45 Minuten backen

So geht's

1. Die Pflanzenmargarine, den Rohrohrzucker und die Pflanzenmilch mit dem Handrührgerät kräftig aufschlagen. Das Dinkelmehl, die Maisstärke und das Kokosmehl unterziehen. Dann Kakaopulver, Backpulver, Zimt und ausgeschabtes Vanillemark oder Vanillepulver dazugeben und verrühren.

2. In einem Topf im Wasserbad die Schokoladen-Kuvertüre in der Pflanzenmilch auflösen und unter den Teig rühren. Das Pfeilwurzelmehl in 50 ml kaltes Wasser einrühren, anschließend unter den Teig ziehen.

3. Eine Springform einfetten. Den Backofen auf 180 °C (Umluft 160 °C) vorheizen.

4. Den Teig in die Springform füllen und mit einem Teigschaber glatt streichen. Im vorgeheizten Backofen auf der unteren Schiene ca. 45 Minuten backen.

5. Die fertige Torte aus dem Ofen nehmen und in der Form abkühlen lassen. Dann aus der Form nehmen und mit einem großen Messer waagrecht halbieren. Je nach Konsistenz der Aprikosenkonfitüre diese eventuell mit 1 EL Wasser verrühren, erwärmen und durch ein Sieb streichen. ⅔ davon auf die untere Tortenhälfte streichen, die Torte wieder zusammensetzen und mit der restlichen Konfitüre bestreichen.

6. In einem kleinen Topf im Wasserbad Zartbitter-Kuvertüre mit Sonnenblumenöl unter Rühren schmelzen. Den Puderzucker unterrühren. Die Schokoglasur von der Mitte aus auf die Torte gießen und gleichmäßig mit einer Palette oder einem breiten Messer verteilen, danach den Tortenrand bestreichen. Eventuell einen kleinen Rest für die Verzierung aufbewahren. Nach dem Abkühlen der Glasur diesen Rest nochmals im Wasserbad erwärmen und die Torte tropfenweise verzieren.

SO SCHMECKT'S AUCH | MIT RUM Wer mag, kann die untere Hälfte der Torte mit 3–4 EL Rum tränken, bevor sie mit der Aprikosenkonfitüre bestrichen wird.

KUCHEN & TORTEN

MANDELTORTE
mit Mango

DIESE TORTE IST ETWAS FÜR GANZ BESONDERE ANLÄSSE. SIE SIEHT NICHT NUR SEHR DEKORATIV AUS, SONDERN SCHMECKT AUCH GANZ KÖSTLICH!

Für 1 Springform (Ø 24 cm)

- 100 g weiche ungehärtete Pflanzenmargarine
- 100 g unraffinierter Rohrohrzucker
- 100 g Bio-Sojasahne
- 150 g Mandelmilch
- 250 g Dinkelmehl Typ 1050
- 150 g gem. Mandeln
- 2 EL Bio-Sojamehl
- 1 Päckchen Weinstein-Backpulver
- 5 Tropfen Rosen-Bio-Aroma
- Mark von ½ Vanilleschote
- 1 Msp. Meersalz
- 2 EL Mandellikör
- 1 Mango (etwa 300 g entkernt)

Für die Creme

- 450 ml Mandelmilch
- 1 Päckchen Vanille-Puddingpulver
- 160 g weiche ungehärtete Pflanzenmargarine
- 120 g Sojasahne
- 3–4 EL Rohrohr-Puderzucker
- 3 EL Mango-Marmelade

Zeitbedarf
- 1 Stunde
- 40 Minuten backen

So geht's

1. Die Pflanzenmargarine, den Rohrohrzucker, die Sojasahne und die Pflanzenmilch mit dem Handrührgerät kräftig aufschlagen. Dann das Dinkelmehl, die Mandeln, Sojamehl und Backpulver portionsweise dazugeben und unterziehen. Mit Rosen-Aroma, ausgeschabtem Vanillemark, Salz und Mandellikör aromatisieren.

2. Eine Springform einfetten. Den Backofen auf 180 °C (Umluft 160 °C) vorheizen. Den Teig in die Springform gießen und die Oberfläche glatt streichen. Im vorgeheizten Backofen auf der unteren Schiene in 40 Minuten goldbraun backen. Aus dem Ofen nehmen und abkühlen lassen.

3. Für die Creme von der Mandelmilch 1 Tasse abnehmen und darin das Puddingpulver anrühren. Die restliche Mandelmilch in einem Topf erhitzen. Das Puddingpulver einrühren und aufkochen. Den Pudding abkühlen lassen.

4. Die Mango schälen. Ein paar dünne Scheiben für die Dekoration abschneiden, den Rest in kleine Stückchen schneiden und bereitstellen.

5. Die Pflanzenmargarine mit Sojasahne und Puderzucker mit dem Handrührgerät verquirlen. Die Puddingmasse portionsweise unterziehen.

6. Die abgekühlte Torte aus der Springform nehmen und mit einem großen Messer waagrecht halbieren. Die untere Hälfte mit der Mango-Marmelade bestreichen. Etwa die Hälfte der Creme darüberstreichen und die Mango-Stückchen gleichmäßig darauf verteilen. Die obere Tortenhälfte darauflegen.

7. Die Torte mit der Creme überziehen. Die restliche Creme in einen Spritzbeutel mit Sterntülle füllen und die Torte am Rand mit Rosetten verzieren. Die Mango-Scheibchen in der Mitte legen. Die Torte bis zum Servieren mindestens 1 Stunde kalt stellen.

SO *gelingt's* SICHER

[a+b] STOLLEN FORMEN Eine Längsseite des mit Marzipan belegten Teiges zur Mitte hin zu etwa zwei Dritteln einschlagen. Die andere Längsseite darüberklappen. Die Teigrolle mit dem Nudelholz leicht andrücken.

MANDELSTOLLEN
mit Marzipan

GENUSS FÜR DIE FESTTAGE: DER KLASSIKER IN DER WEIHNACHTSZEIT WIRD HIER IN EINER BESONDERS FEINEN MARZIPAN-VARIANTE GEBACKEN.

Zutaten für 2 Stollen

Für den Teig

250 g ungehärtete Pflanzenmargarine

150 g Mandelmilch

20 g Orangeat

150 g Mandeln

500 g Dinkelvollkornmehl

2 Päckchen Bio-Trockenhefe

150 g unraffinierter Rohrohrzucker

5 Tropfen Rosen-Bio-Aroma

¼ TL gem. Nelken

½ TL Zimtpulver

¼ TL Macisblüte

Mark von ½ Vanilleschote oder ½ TL Vanillepulver

1 Prise Meersalz

200 g vegane Marzipan-Rohmasse

Rohrohr-Puderzucker zum Bestäuben

Zeitbedarf
- 1 Stunde
- 80 Minuten ruhen
- 60 Minuten backen

So geht's

1. Die Pflanzenmargarine in einem Topf mit der Mandelmilch vorsichtig erwärmen, bis die Margarine gerade flüssig, aber nicht heiß ist. Das Orangeat in einer Nussmühle (alternativ Kaffeemühle) fein mahlen. Die Hälfte der Mandeln fein hacken und in einer Pfanne ohne Fett leicht anrösten. Die restlichen Mandeln fein mahlen.

2. Das Dinkelvollkornmehl in eine Schüssel geben, in die Mitte eine Mulde drücken und darin die Hefe mit etwas warmer Mandelmilch-Margarine auflösen. Dann das Orangeat, die Mandeln sowie die restliche Flüssigkeit dazugeben. Rohrohrzucker, Rosen-Aroma, Nelken, Zimt, Macisblüte, Vanille und Salz hinzufügen und alle Zutaten zu einem geschmeidigen Teig verarbeiten. Mit einem Tuch bedecken und 30–40 Minuten an einem warmen Ort ruhen lassen. Ein Backblech einfetten oder mit Backpapier auslegen.

3. Den Teig nochmals kurz durchkneten und halbieren. Jede Hälfte auf einer leicht bemehlten Arbeitsfläche zu einem etwa 1½ cm dicken Rechteck mit abgerundeten Ecken formen. Die Marzipan-Rohmasse ausrollen, auf den Teig legen und einschlagen [→a+b].

4. Die Stollen auf das Blech legen und zugedeckt nochmals 30–40 Minuten gehen lassen. Den Backofen auf 180 °C (Umluft 160 °C) vorheizen. Die Stollen im vorgeheizten Backofen auf der unteren Schiene in 50–60 Minuten goldbraun backen. Eventuell gegen Ende der Backzeit mit Alufolie abdecken, damit die Stollen nicht zu dunkel werden.

5. Die Stollen aus dem Backofen nehmen, auskühlen lassen und mit Rohrohr-Puderzucker bestäuben. Zum Aufbewahren und Durchziehen den Stollen in Alufolie wickeln oder in einer Metalldose kühl lagern.

SO SCHMECKT'S AUCH | KLASSISCH Diese Variante wird ohne Marzipan zubereitet. Anstatt dessen 50 g Korinthen, die in 2 EL Rum und 5 Tropfen Orangen-Bio-Aroma getränkt wurden, unter den Teig kneten.

KUCHEN & TORTEN

DINKELKRAPFEN
mit Preiselbeeren

IN DER FASCHINGSZEIT SIND SIE DAS TRADITIONELLE GEBÄCK, SIE SCHMECKEN ABER AUCH ZU ANDEREN GELEGENHEITEN GANZ KÖSTLICH.

Zutaten für 20 Stück

- 350 ml Mandelmilch
- 50 g Kokosfett oder ungehärtete Pflanzenmargarine
- 300 g Dinkelvollkornmehl
- 200 g Dinkelmehl Typ 1050
- 1 Würfel Bio-Frischhefe
- 1 TL unraffinierter Rohrohrzucker
- 1 TL Meer- oder Steinsalz
- ca. 125 g Preiselbeermarmelade
- 750 ml Bio-Bratöl
- 50 g Rohrohrzucker zum Wälzen

Zeitbedarf
- 1 Stunde
- 30 Minuten ruhen
- 5 Minuten backen

So geht's

1. Die Mandelmilch mit dem Kokosfett oder der Pflanzenmargarine in einem Topf leicht erwärmen. Anschließend in einer Schüssel mit dem Mehl, der zerbröckelten Hefe und dem Rohrohrzucker zu einem glatten Teig verkneten. Den Teig 30 Minuten zugedeckt an einem warmen Ort gehen lassen.

2. Das Meersalz zum Teig geben und nochmals gut durchkneten. Den Teig halbieren und auf einer bemehlten Arbeitsfläche jeweils zu einem ca. 1 cm dicken Rechteck ausrollen.

3. Auf einer Teigplatte Kreise markieren und die Preiselbeerkonfitüre daraufgeben [→a]. Die zweite Teigplatte darüberlegen und die Krapfen ausstechen [→b]. Die gefüllten Teigstücke auf einem bemehlten Brett ablegen und ruhen lassen, bis alle Krapfen ausgestochen sind.

4. In einem Topf das Bio-Bratöl vorsichtig erhitzen. Wenn sich am Stiel eines Holz-Kochlöffels, den man in das Öl hält, sofort viele Bläschen bilden, ist das Öl heiß genug. Die Krapfen nacheinander 4–5 Minuten bei mittlerer Hitze goldbraun ausbacken. Herausnehmen, auf Küchenpapier abfetten und etwas abkühlen lassen. Noch warm in Rohrohrzucker wälzen und frisch genießen.

SO SCHMECKT'S AUCH | KONFITÜRE Die Krapfen kann man natürlich auch mit anderen Konfitüren, z. B. Himbeer-, Aprikosen- oder Kirschkonfitüre füllen. Anstatt sie in Zucker zu wälzen, können die Krapfen auch nach dem Abkühlen mit Schokoladen-Kuvertüre bestrichen werden. Das passt besonders gut zu Orangenmarmelade.

So *gelingt's* SICHER

[a] TEIG BELEGEN Mit einer runden Ausstechform auf einer Teigplatte Kreise von ca. 8 cm Ø markieren. In die Mitte der Kreise je 1 TL Konfitüre geben. Die zweite Teigplatte auflegen.

[b] KRAPFEN AUSSTECHEN Die Konfitürehäufchen sind unter der Teigplatte gut zu erkennen. Die Krapfen ausstechen, dabei die Ausstechform hin und her drehen, damit sich die beiden Teigstücke gut verbinden.

COOKIES
& Muffins

OB MEINE HEISS GELIEBTEN CANTUCCINI, AROMATISCHE ZITRONENTALER ODER SCHOKOLADIGE NUSSECKEN: VOR ALLEM ZU EINER TASSE KAFFEE ODER TEE GENIESSE ICH GERNE WAS KLEINES SÜSSES!

SCHOKO-MUFFINS
mit Haselnüssen

Zutaten für 12 Muffins

- 75 g weiche ungehärtete Pflanzenmargarine
- 100 g Rohrohrzucker
- 75 ml Sojasahne
- 175 g Dinkelvollkornmehl
- 2 TL Weinstein-Backpulver
- 125 ml Pflanzenmilch (vorzugsweise Mandelmilch)
- 75 g Haselnüsse
- 75 g Zartbitter-Schokolade
- 4 EL Kakaopulver
- 1 Msp. abgeriebene Bio-Orangenschale
- ½ TL Zimtpulver
- 1 Msp. gemahlene Nelken
- Haselnüsse zum Dekorieren

Zeitbedarf
- 20 Minuten
- 30 Minuten backen

So geht's

1. Die Pflanzenmargarine in Stücke schneiden und mit Rohrohrzucker und Sojasahne in einer Schüssel kräftig verrühren. Das Dinkelvollkornmehl und das Backpulver unterrühren. Die Milch nach und nach dazugeben, bis der Teig eine cremige Konsistenz hat. Die Nüsse und die Schokolade getrennt grob mahlen, mit dem Kakaopulver unter den Teig rühren, mit Orangenschale, Zimt und Nelken aromatisieren.

2. Die Mulden einer Muffin-Form einfetten oder mit Papierförmchen auslegen. Den Backofen auf 180 °C (Umluft 160 °C) vorheizen.

3. Den Teig auf die Förmchen verteilen. Ein paar Haselnüsse blättrig schneiden, jeweils einige Blättchen auf die Oberfläche der Muffins drücken. Im vorgeheizten Backofen auf unterer Schiene ca. 30 Minuten goldbraun backen.

4. Die Muffins aus dem Ofen nehmen, in der Form einige Minuten auskühlen lassen, dann herauslösen. Möglichst frisch servieren.

CASHEW-MUFFINS
mit Cranberrys

Zutaten für 12 Muffins

- 100 g weiche ungehärtete Pflanzenmargarine
- 120 g unraffinierter Rohrohrzucker
- 250 g Weizenmehl Typ 1050
- 2 TL Weinstein-Backpulver
- 200 ml Dinkelmilch
- 100 g Cashewbruch
- 100 g getrocknete Cranberrys
- abgeriebene Schale von ½ Bio-Orange
- 4 Tropfen Limetten-Bio-Aroma

Zeitbedarf
- 20 Minuten
- 30 Minuten backen

So geht's

1. Die Pflanzenmargarine in kleine Stücke schneiden und mit dem Rohrohrzucker in einer Schüssel verrühren. Das Weizenmehl und das Backpulver unterrühren. Die Dinkelmilch nach und nach dazugeben, bis der Teig eine cremige Konsistenz hat. Den Cashewbruch grob mahlen, mit den getrockneten Cranberrys und der abgeriebenen Orangenschale unterrühren, mit dem Limetten-Bio-Aroma abschmecken.

2. Die Mulden einer Muffin-Form einfetten oder mit Papierförmchen auslegen. Den Backofen auf 180 °C (Umluft 160 °C) vorheizen.

3. Den Teig auf die Förmchen verteilen. Die Muffins im vorgeheizten Backofen auf der unteren Schiene in 25–30 Minuten goldbraun backen.

4. Die Muffins aus dem Ofen nehmen, einige Minuten in der Form auskühlen lassen, dann herauslösen. Möglichst frisch servieren.

KOKOS-MUFFINS
mit Limette

DIE KUCHEN IM MINI-FORMAT SIND SCHNELL GEMACHT UND ÜBERZEUGEN DURCH DIE KOMBINATION VON KOKOS UND FRISCHEN ZITRUSNOTEN.

Zutaten für 12 Muffins

- 100 g weiche ungehärtete Pflanzenmargarine
- 50 g Kokoscreme
- 100 g unraffinierter Rohrohrzucker
- 100 ml Sojasahne
- 250 g Dinkelmehl Typ 1050
- 2 TL Weinstein-Backpulver
- 150 ml Bio-Sojamilch
- 100 g Kokosflocken
- 4 Tropfen Limetten-Bio-Aroma
- 1 Msp. Vanillepulver
- 1 Msp. abgeriebene Bio-Zitronenschale

Zeitbedarf
- 20 Minuten
- 30 Minuten backen

So geht's

1. Die Pflanzenmargarine in Stücke schneiden, mit Kokoscreme, Rohrohrzucker, Sojasahne, Dinkelmehl und Backpulver in einer Schüssel verrühren. Die Sojamilch und die Kokosflocken unterrühren. Zum Schluss das Limetten-Bio-Aroma, das Vanillepulver und die abgeriebene Zitronenschale darunterziehen.

2. Die Mulden einer Muffin-Form einfetten oder mit Papierförmchen auslegen. Den Backofen auf 180 °C (Umluft 160 °C) vorheizen.

3. Den Teig auf die Förmchen verteilen. Die Muffins im vorgeheizten Backofen auf der unteren Schiene in 25–30 Minuten goldbraun backen.

4. Die Muffins aus dem Ofen nehmen, einige Minuten in der Form auskühlen lassen, dann herauslösen. Möglichst frisch servieren.

SO GEHT'S AUCH | FÜR PARTYS sind Mini-Muffin-Formen besonders gut geeignet. Statt der 12 großen Muffins erhält man dann 48 kleine. Die Backzeit reduziert sich dabei auf ca. 20 Minuten. Die Mini-Muffins sind auch eine gute Lösung, wenn verschiedene Sorten zubereitet werden, so kann man alle Geschmacksrichtungen probieren.

PARANUSS-MUFFINS
mit Tonkabohne

DIE KNACKIGEN NÜSSE GEBEN DEN MUFFINS BISS UND DAS VANILLE-ÄHNLICHE AROMA DER TONKABOHNE BRINGT EINEN HAUCH VON EXOTIK.

Zutaten für 12 Muffins

- 100 g weiche ungehärtete Pflanzenmargarine
- 150 g Agavendicksaft
- 100 ml Sojasahne
- 250 g Dinkelvollkornmehl
- 2 TL Weinstein-Backpulver
- 200 ml Sojamilch
- 100 g Kokosflocken
- 50 g Paranüsse
- 1 Msp. abgeriebene Bio-Orangenschale
- 1 TL Zimtpulver
- 20 Tropfen Tonka-Bio-Aroma

Zeitbedarf
- 20 Minuten
- 30 Minuten backen

So geht's

1. Die Pflanzenmargarine in Stücke schneiden, mit dem Agavendicksaft, der Sojasahne, dem Dinkelmehl und dem Backpulver in einer Schüssel verrühren. Die Sojamilch und die Kokosflocken unterrühren. Die Paranüsse grob hacken und ebenfalls unterrühren. Zum Schluss die Orangenschale, das Zimtpulver und das Tonka-Bio-Aroma unterziehen.

2. Die Mulden einer Muffin-Form einfetten und mit Papierförmchen auslegen. Den Backofen auf 180 °C (Umluft 160 °C) vorheizen.

3. Den Teig auf die Förmchen verteilen. Die Muffins im vorgeheizten Backofen auf der unteren Schiene in 25–30 Minuten goldbraun backen.

4. Die Muffins aus dem Ofen nehmen, einige Minuten in der Form auskühlen lassen, dann herauslösen. Möglichst frisch servieren.

SO SCHMECKT'S AUCH | MIT VANILLE Wer kein Tonka-Aroma zur Verfügung hat, kann die Muffins auch mit 1 TL Vanillepulver oder mit dem ausgeschabten Mark von ½ Vanilleschote aromatisieren.

# ZITRONENTALER
mit Maismehl

OB MIT ZITRONE ODER MIT ORANGE VERFEINERT: DIESES AROMATISCHE TEEGEBÄCK SCHMECKT IMMER LEICHT UND ERFRISCHEND.

Zutaten für ca. 30 Kekse

200 g Bio-Maismehl
100 g Bio-Maisstärke
½ Päckchen Weinstein-Backpulver
150 g weiche ungehärtete Pflanzenmargarine
Schale und Saft von ½ Bio-Zitrone
6 Tropfen Zitronen-Bio-Aroma
Mark von ½ Vanilleschote oder ½ TL Vanillepulver
100 g unraffinierter Rohrohrzucker
25 ml Sojasahne
1 Msp. Meersalz

Zeitbedarf
- 20 Minuten
- 30 Minuten ruhen
- 25 Minuten backen

So geht's

1. Das Maismehl mit Maisstärke und Backpulver mischen. Die Pflanzenmargarine in kleine Stücke schneiden und zur Mehlmischung geben. Den Saft und die abgeriebene Schale der Zitrone, das Zitronen-Aroma, das ausgeschabte Vanillemark oder Vanillepulver, den Rohrohrzucker, die Sojasahne und das Meersalz dazugeben und alle Zutaten zu einem glatten Teig verkneten. Den Teig 20–30 Minuten zugedeckt im Kühlschrank ruhen lassen.

2. Ein Backblech einfetten oder mit Backpapier auslegen. Den Backofen auf 180 °C (Umluft 160 °C) vorheizen.

3. Den Teig aus dem Kühlschrank nehmen und auf der bemehlten Arbeitsfläche ca. 0,8 cm dick ausrollen. Mit einer runden Form Taler ausstechen und mit einer Palette auf das Backblech setzen.

4. Die Kekse im Backofen auf der unteren Schiene in 20–25 Minuten goldbraun backen. Das Blech herausnehmen und die Kekse vorsichtig mit einer Palette auf ein Gitter setzen und abkühlen lassen.

SO SCHMECKT'S AUCH | FÜR ORANGENTALER ersetzt man einfach die Bio-Zitrone durch eine Bio-Orange und das Zitronenaroma durch Orangenaroma. Besonders schön werden die Kekse, wenn man dafür einen Ausstecher in Blütenform verwendet.

NUSSECKEN
mit Schokolade

UNWIDERSTEHLICH GUT: DER BELIEBTE KLASSIKER KOMMT AUCH VEGAN GANZ GROSS RAUS – OHNE EI UND BUTTER UND SOGAR OHNE SOJA.

Zutaten für 12 Nussecken

- 75 g weiche ungehärtete Pflanzenmargarine
- 50 g unraffinierter Rohrohrzucker
- 100 g Dinkelvollkornmehl
- 50 g gem. Haselnüsse
- ¼ TL Zimtpulver
- Mark von ½ Vanilleschote oder ½ TL Vanillepulver
- 1 Prise Meersalz
- ca. 100 g Aprikosenmarmelade

Für den Belag

- 50 g ungehärtete Pflanzenmargarine
- 50 g Rohrohrzucker
- 1 EL Ahornsirup
- 2 EL Wasser
- 50 g gem. Haselnüsse
- 50 g geh. Mandeln
- 100 g Zartbitterkuvertüre

Zeitbedarf
- 45 Minuten
- 45 Minuten ruhen
- 25 Minuten backen

So geht's

1. Die Pflanzenmargarine in Stücke schneiden, mit Rohrohrzucker, Dinkelvollkornmehl, Haselnüssen, Zimt, ausgeschabtem Vanillemark oder Vanillepulver und Meersalz zu einem glatten, geschmeidigen Teig verarbeiten. Den Teig zugedeckt 30–45 Minuten im Kühlschrank ruhen lassen.

2. Ein Backblech einfetten oder mit Backpapier auslegen. Den Backofen auf 180 °C (Umluft 160 °C) vorheizen.

3. Den Teig aus dem Kühlschrank nehmen und mithilfe einer Teigkarte als Rechteck (ca. 20 x 30 cm) auf das Blech drücken. Eventuell einen verstellbaren Backrahmen verwenden. Den Teig dünn mit Aprikosenmarmelade bestreichen. Falls die Marmelade zu stückig ist, mit etwas Wasser erhitzen und durch ein feines Sieb passieren.

4. Für den Belag die Pflanzenmargarine in einem Topf erwärmen. Rohrohrzucker und Ahornsirup dazugeben, unter Rühren mit dem Wasser kurz aufkochen, bis die Masse karamellisiert. Die Haselnüsse und die Mandeln unterziehen.

5. Die Nussmasse gleichmäßig mit der Teigkarte auf das Teigrechteck streichen, sodass es vollständig bedeckt ist. Im vorgeheizten Backofen auf der unteren Schiene in 25 Minuten goldbraun backen.

6. Das Blech herausnehmen und die Nussplatte in Dreiecke schneiden [→a]. Die Nussecken vollständig abkühlen lassen.

7. Die Zartbitterkuvertüre im Wasserbad vorsichtig schmelzen. Die erkalteten Nussecken an 2 Ecken eintauchen oder mit der Kuvertüre bepinseln. Auf ein Gitter legen und trocknen lassen.

SO GEHT'S AUCH | DIE GEHACKTEN MANDELN kann man vor der Weiterverarbeitung noch in einer Pfanne ohne Fett anrösten – das gibt noch mehr Aroma.

So *gelingt's* SICHER

[a] NUSSECKEN SCHNEIDEN Das Rechteck in noch warmem Zustand mit einem scharfen Messer einmal längs und zweimal quer durchschneiden, sodass 6 Quadrate entstehen. Diese dann schräg zu 12 Dreiecken halbieren.

HASELNUSSKEKSE
mit Zimt

Zutaten für ca. 30 Kekse

- 150 g weiche ungehärtete Pflanzenmargarine
- 100 g unraffinierter Rohrohrzucker
- 200 g Dinkelvollkornmehl
- 100 g gem. Haselnüsse
- ½ TL Zimtpulver
- 1 Prise Meersalz
- ca. 30 Haselnüsse für die Deko

Zeitbedarf
- 15 Minuten
- 60 Minuten ruhen
- 20 Minuten backen

So geht's

1. Die Pflanzenmargarine in Stücke schneiden, mit Rohrohrzucker, Dinkelvollkornmehl, gemahlenen Haselnüssen, Zimt und Salz zu einem glatten geschmeidigen Teig verarbeiten. Den Teig zugedeckt 30–60 Minuten im Kühlschrank ruhen lassen.

2. Ein Backblech einfetten oder mit Backpapier auslegen. Den Backofen auf 180 °C (Umluft 160 °C) vorheizen.

3. Den Teig aus dem Kühlschrank nehmen und auf einer leicht bemehlten Arbeitsfläche ca. 5 mm dünn ausrollen. Mit einer runden Form (ca. 5 cm Ø) Kekse ausstechen.

4. Die Kekse auf das Backblech legen und mittig in jeden Keks eine Haselnuss drücken. Im vorgeheizten Backofen ca. 20 Minuten goldbraun backen.

WALNUSS-HERZEN
mit Vanille

Zutaten für ca. 30 Kekse

- 150 g weiche ungehärtete Pflanzenmargarine
- 100 g unraffinierter Vollrohrzucker
- 200 g Dinkelvollkornmehl
- 100 g gem. Walnüsse
- 40 ml Pflanzenmilch (vorzugsweise Mandelmilch)
- Mark von ½ Vanilleschote oder ½ TL Vanillepulver
- 1 Prise Meersalz
- ca. 30 Walnusshälften für die Deko

Zeitbedarf
- 15 Minuten
- 60 Minuten ruhen
- 20 Minuten backen

So geht's

1. Die Pflanzenmargarine in Stücke schneiden, mit Vollrohrzucker, Dinkelvollkornmehl, gemahlenen Walnüssen, Pflanzenmilch, ausgeschabtem Vanillemark oder Vanillepulver und Salz zu einem glatten geschmeidigen Teig verarbeiten. Den Teig zugedeckt 30–60 Minuten im Kühlschrank ruhen lassen.

2. Ein Backblech einfetten oder mit Backpapier auslegen. Den Backofen auf 180 °C (Umluft 160 °C) vorheizen.

3. Den Teig aus dem Kühlschrank nehmen und auf einer leicht bemehlten Arbeitsfläche ca. 5 mm dünn ausrollen. Mit einer Herzform Kekse ausstechen

4. Die Kekse auf das Backblech legen, in die Mitte jeweils eine Walnusshälfte drücken. Im vorgeheizten Backofen ca. 20 Minuten goldbraun backen.

ZUCKER
die süße Droge

WER ISST SIE NICHT AUCH GERNE, DIE SÜSSEN LECKEREIEN, DIE UNS BEIM BÄCKER UND IM SUPERMARKT AN DER KASSE INS AUGE SPRINGEN UND DAS WASSER IM MUND ZUSAMMENLAUFEN LASSEN? NUR SCHWÄCHE UND LEIDENSCHAFT FÜR SÜSSES ODER SCHON SUCHT?

WEISSER ZUCKER

Die Zuckerherstellung erfolgt in einem komplizierten industriellen Verfahren aus Zuckerrüben oder Zuckerrohr. Chemisch betrachtet ist das Zuckermolekül (Saccharose) aus zwei Monosacchariden aufgebaut, und zwar zu je einem Molekül aus Fruchtzucker (Fructose) und Traubenzucker (Glucose). Nach verschiedenen chemischen Behandlungsverfahren entsteht sowohl aus Zuckerrüben als auch aus Zuckerrohr ein weißes, kristallines Präparat, das kaum noch Mineralstoffe enthält. Zucker wird daher auch als isoliertes Kohlehydrat bezeichnet.

BRAUNER ZUCKER

Der überwiegende Teil des handelsüblichen braunen Zuckers wird genauso raffiniert wie weißer Zucker – und nur im Nachhinein mit Melasse oder Zuckercouleur schön braun gefärbt.

VOLLROHRZUCKER

Eine Ausnahme ist dieser braune Zucker, der sogenannte Rohrohrzucker aus zertifiziertem Bio- bzw. Demeter-Anbau. Er wird nach traditionellem Vorbild in Brasilien aus Zuckerrohr gewonnen, ist nicht raffiniert und wird auch nicht erhitzt! Nach dem Pressen wird der Saft unter Vakuum schonend eingedickt. Dieser Zucker hat eine natürlich braune Farbe. Da er nicht kristallisiert, muss er anschließend gemahlen werden. Er enthält mit 2000 mg auf 100 g ein Vielfaches der Mineralstoffe des weißen Industriezuckers (<5 mg) und hat als einziger den Namen Vollrohrzucker verdient. Er hat allerdings einen etwas gewöhnungsbedürftigen Eigengeschmack und passt nicht zu jedem Gebäck. Deshalb kommt er in meinen Rezepten eher selten zum Einsatz.

ROHROHRZUCKER

Eine Variante ist der ähnlich hergestellte Rohrohrzucker aus zertifiziertem Bio-Anbau. Lediglich beim Erhitzen und Eindampfen werden Zuckerkristalle hinzugefügt, die den Kristallisationsprozess im Zucker in Gang setzen. Danach wird der Zucker laut Herstellerangaben nur einmal mit Wasser raffiniert. Er hat einen angenehmen, ganz leichten Eigengeschmack, der den des Gebäcks nicht überlagert. Er ist überall einsetzbar und so eine echte Alternative zum Problemstoff weißer Zucker.

DIE DROGE ZUCKER

Zucker zählt zweifellos zu den am meisten unterschätzten Drogen. Die schleichend einsetzende Abhängigkeit, meist unbemerkt schon im Kindesalter, führt zu einer völlig denaturierten Ernährungsweise und schwächt den ganzen Organismus. Zucker macht definitiv süchtig, was durch die erschreckenden Zahlen belegt wird: über die Hälfte aller Deutschen sind übergewichtig. Jedes 7. Kind in Deutschland leidet an Übergewicht.

Zum Abbau von Zucker ist u. a. Vitamin B_1 erforderlich, das dem Körper durch den Zuckerkonsum entzogen wird. Wird dieses essentielle Vitamin über die Nahrung nicht wieder ausreichend zugeführt, kann es zu Mangelerscheinungen kommen, aus denen sich wiederum eine der zahlreichen ernährungsbedingten Zivilisationskrankheiten entwickeln kann.

War Zucker bis ins 18. Jahrhundert hinein noch ein kostbares Gewürz, so ist er heute als billiger, energiereicher Zusatzstoff in unzähligen Nahrungsmitteln enthalten – sogar in solchen, die gar nicht süß schmecken, wie z. B. Tomatenketchup oder Erbsenpüree. Dementsprechend liegt der Pro-Kopf-Verbrauch heute bei über 40 kg! Weltweit hat sich der Zuckerkonsum in den letzten 50 Jahren verdreifacht. Anlass, sich Gedanken darüber zu machen, einen Anfang zu setzen und nach und nach weniger Produkte mit hohem Zuckeranteil zu sich zu nehmen. Dabei ist es hilfreich, die Zutatenliste zu studieren.

In meinen Kuchen- und Keks-Rezepten liegt die angegebene Zuckermenge im unteren Bereich des allgemeinen Süße-Empfindens. Sie kann bei Bedarf etwas erhöht, noch stärker reduziert oder durch Alternativen ersetzt werden.

GESUNDE ALTERNATIVEN

Als gesunde genussvolle Alternativen zu Zucker bieten sich z. B. Dicksäfte und Ahornsirup an. Beim Backen verwende ich für Kuchen und Kekse auch gerne getrocknete Früchte, wie Rosinen, Datteln, Feigen und Aprikosen.

AHORNSIRUP Er wird vorwiegend in Kanada, aus dem Saft von Ahornbäumen, die man anzapft, gewonnen und zu Sirup eingedickt. Er enthält viele Mineralstoffe und wird in 4 Qualitätsgrade (A, B, C, D) eingeteilt: je heller, desto milder und feiner im Geschmack (A), bis zu Grad D mit sehr starkem Eigengeschmack.

AGAVENDICKSAFT Wird aus dem Saft von Agaven, vorwiegend in Mexiko, gewonnen, anschließend gefiltert und erhitzt, danach sirupartig eingedickt. Wird als Ersatz für Honig verwendet, ist süßer, aber weniger dickflüssig. Verschiedene Varianten: von durchsichtigem Sirup mit neutralem Geschmack bis zu dunklem Sirup mit starker Karamellnote.

KOKOSBLÜTENZUCKER Er wird aus dem Blütennektar der Kokospalme gewonnen, anschließend gekocht und zu Granulat verarbeitet. Sein Geschmack erinnert etwas an Karamell. Er hat viele Mineralstoffe und Antioxidantien sowie einen niedrigen glykämischen Index und ist daher auch für Diabetiker geeignet.

COOKIES & MUFFINS

HAFERBERGE
mit Korinthen

HAFERBERGE
mit Kokos

Zutaten für 1 Blech

50 g Korinthen

100 ml Birnensaft

3 EL Sonnenblumenöl

5 EL Agavendicksaft

150 g grobe Haferflocken

50 g gem. Mandeln

1 Msp. abgeriebene Bio-Orangenschale

Zeitbedarf
- 20 Minuten
- 60 Minuten einweichen
- 15 Minuten backen

So geht's

1. Die Korinthen 60 Minuten im Birnensaft einweichen. Das Sonnenblumenöl in einer Pfanne erwärmen, den Agavendicksaft hinzugeben und die Haferflocken darin bei mittlerer Hitze anrösten. Die Korinthen mit dem Birnensaft dazugeben und kurz mit einkochen lassen. Die Mandeln unterziehen und mit abgeriebener Orangenschale abschmecken.

2. Ein Backblech einfetten oder mit Backpapier auslegen. Den Backofen auf 180 °C (Umluft 160 °C) vorheizen. Mit einem Löffel kleine Portionen von der Masse abnehmen und diese als Häufchen auf das Backblech setzen. Gegebenenfalls mit dem Löffel oder den Fingern auf dem Blech noch etwas komprimieren.

3. Die Haferberge im vorgeheizten Ofen auf der unteren Schiene in ca. 15 Minuten goldbraun backen.

Zutaten für 1 Blech

20 g Kokosfett

3 EL Reissirup

150 g grobe Haferflocken

150 ml Pflanzenmilch (vorzugsweise Mandelmilch)

50 g Kokosflocken

1 EL Kokosmehl

1 Prise Zimtpulver

1 Prise Ingwerpulver

Zeitbedarf
- 20 Minuten
- 15 Minuten backen

So geht's

1. Das Kokosfett in der Pfanne schmelzen, den Reissirup dazugeben und die Haferflocken darin bei mittlerer Hitze anrösten. Die Pflanzenmilch zugeben und kurz mit einkochen lassen, dann die Kokosflocken und das Kokosmehl unterziehen und mit Zimt und Ingwerpulver abschmecken.

2. Den Backofen auf 180 °C (Umluft 160 °C) vorheizen. Ein Backblech einfetten oder mit Backpapier auslegen. Mit einem Löffel kleine Portionen von der Masse abnehmen und als Häufchen auf das Backblech setzen. Gegebenenfalls mit dem Löffel oder den Fingern auf dem Blech noch etwas kompromieren.

3. Die Haferberge im vorgeheizten Ofen auf der unteren Schiene in ca. 15 Minuten goldbraun backen.

SO SCHMECKT'S AUCH | MIT FEINEN HAFERFLOCKEN **werden die Plätzchen kompakter und halten besser zusammen. Die groben Haferflocken hingegen geben mehr Biss.**

WALNUSSBERGE
mit Quinoa

KÖSTLICH UND GESUND: DIE KNACKIGEN POWERKEKSE SIND IDEAL ALS KLEINER SNACK FÜR ZWISCHENDURCH ODER FÜR UNTERWEGS.

Zutaten für 1 Blech

- 50 g Walnüsse
- 3 EL Sonnenblumenöl
- 6 EL Ahornsirup
- 150 g grobe Haferflocken
- 40 g gem. Quinoa
- 100 ml Pflanzenmilch (vorzugsweise Mandelmilch)
- 1 Msp. abgeriebene Bio-Zitronenschale
- Mark von ½ Vanilleschote oder ½ TL Vanillepulver

Zeitbedarf
- 20 Minuten
- 15 Minuten backen

So geht's

1. Die Hälfte der Walnüsse fein mahlen, die andere Hälfte grob hacken. Das Sonnenblumenöl in einer Pfanne vorsichtig erhitzen, den Ahornsirup zugeben und die Haferflocken, die grob gehackten Walnüsse und die Quinoa darin bei mittlerer Hitze anrösten. Die Pflanzenmilch unterziehen und kurz mit einkochen. Die gemahlenen Walnüsse unterziehen und mit abgeriebener Zitronenschale und ausgeschabtem Vanillemark oder Vanillepulver abschmecken.

2. Den Backofen auf 180 °C (Umluft 160 °C) vorheizen. Ein Backblech einfetten oder mit Backpapier auslegen. Mit einem Löffel kleine Portionen von der Masse abnehmen und als Häufchen auf das Backblech setzen. Gegebenenfalls mit dem Löffel oder den Fingern auf dem Blech noch etwas komprimieren.

3. Die Kekse im vorgeheizten Backofen auf der unteren Schiene in ca. 15 Minuten goldbraun backen.

ERDNUSSKEKSE
kernig & knusprig

EIN MUSS FÜR „PEANUTS"-FANS: KURZ GERÖSTET UND LEICHT GESALZEN GEBEN DIE NÜSSE DEN COOKIES IHR UNVERWECHSELBARES AROMA.

Zutaten für 1 Blech

125 g geröstete Bio-Erdnüsse

125 g gem. Mandeln

250 g Dinkelvollkornmehl

150 g weiche ungehärtete Pflanzenmargarine

100 g unraffinierter Rohrohrzucker

2 geh. EL Sojamehl

75 ml Pflanzenmilch (vorzugsweise Mandelmilch)

ca. 25 g Erdnusshälften zum Dekorieren

Zeitbedarf
- 20 Minuten
- 30 Minuten ruhen
- 30 Minuten backen

So geht's

1. Die Erdnüsse grob hacken. Die Mandeln und Erdnüsse mit Dinkelvollkornmehl, Backpulver, der in Stücke geschnittenen Pflanzenmargarine, Rohrohrzucker, Sojamehl und Pflanzenmilch zu einem Teig verarbeiten. Den Teig halbieren, zu 2 gleich langen Rollen (Ø 3 cm) formen und 30 Minuten zugedeckt im Kühlschrank ruhen lassen.

2. Ein Backblech einfetten oder mit Backpapier auslegen. Den Backofen auf 180 °C (Umluft 160 °C) vorheizen. Eine kleine Schale mit den Erdnusshälften füllen.

3. Die Teigrollen aus dem Kühlschrank nehmen, 1 cm dicke Scheiben abschneiden, diese mit einer Seite in die Erdnüsse drücken und auf das Backblech setzen. Die Nüsse dabei gut festdrücken.

4. Die Kekse im vorgeheizten Backofen auf der unteren Schiene in 25–30 Minuten goldbraun backen.

SO GEHT'S AUCH | AUSSTECHEN Man kann den Teig auch auf einer bemehlten Arbeitsfläche ausrollen und mit den Erdnusshälften bestreuen. Die Nüsse gut andrücken und mit einer Form Kekse ausstechen.

VANILLEKIPFERL
unwiderstehlich mürb

Zutaten für ca. 30 Kekse

150 g weiche ungehärtete Pflanzenmargarine

100 g unraffinierter Rohrohrzucker

200 g Dinkelmehl Typ 1050

100 g gem. Mandeln

40 ml Mandelmilch (ersatzweise andere Pflanzenmilch, z. B. Reismilch)

Mark von ½ Vanilleschote oder ½ TL Vanillepulver

1 Prise Meersalz

Rohrohrpuderzucker und Vanillepulver zum Wälzen

Zeitbedarf
- 20 Minuten
- 60 Minuten ruhen
- 20 Minuten backen

So geht's

1. Die Pflanzenmargarine in Stücke schneiden, mit Rohrohrzucker, Dinkelmehl, gemahlenen Mandeln, Mandelmilch, ausgeschabtem Vanillemark oder Vanillepulver und Meersalz zu einem glatten Teig verarbeiten. Den Teig zugedeckt 30–60 Minuten im Kühlschrank ruhen lassen.

2. Ein Backblech einfetten oder mit Backpapier auslegen. Den Backofen auf 180 °C (Umluft 160 °C) vorheizen.

3. Den Teig aus dem Kühlschrank nehmen und auf einer bemehlten Arbeitsfläche zu einer Rolle formen. Diese in 30 gleich große Stücke teilen und zu Kipferln formen. Auf das Backblech setzen und im vorgeheizten Backofen in ca. 20 Minuten goldbraun backen.

4. Den Puderzucker mit Vanillepulver in eine kleine Schale geben und die Kipferln noch warm darin wälzen.

KNUSPERKIPFERL
mit Tonkabohne

Zutaten für ca. 25 Kekse

3 EL Rum

8 Tropfen Tonka-Bio-Aroma

8 Tropfen Orangen-Bio-Aroma

50 g grobe Haferflocken

125 g weiche ungehärtete Pflanzenmargarine

50 g gem. Haselnüsse

250 g Dinkelvollkornmehl

1 Päckchen Weinstein-Backpulver

75 g unraffinierter Rohrohrzucker

50 ml Pflanzenmilch (vorzugsweise Haselnuss- oder Mandelmilch)

abgeriebene Schale von ½ Bio-Orange

1 Prise Meersalz

Rohrohrpuderzucker zum Wälzen

Zeitbedarf
- 20 Minuten
- 60 Minuten ruhen
- 15 Minuten backen

So geht's

1. Den Rum in eine kleine Schale gießen. Das Tonka- und Orangen-Aroma nacheinander auf einem Teelöffel dazu dosieren und alles miteinander verrühren. Die Haferflocken dazugeben und darin tränken, bis die Flüssigkeit vollständig aufgesaugt ist.

2. Die Pflanzenmargarine in Stücke schneiden, mit Haselnüssen, Dinkelvollkornmehl und Rohrohrzucker vermengen. Die Pflanzenmilch, die abgeriebene Orangenschale und das Meersalz dazugeben und mit den aromatisierten Haferflocken zu einem homogenen Teig verkneten. Den Teig zugedeckt 60 Minuten im Kühlschrank ruhen lassen.

3. Ein Backblech einfetten oder mit Backpapier auslegen. Den Backofen auf 190 °C (Umluft 170 °C) vorheizen.

4. Den Teig aus dem Kühlschrank nehmen, vierteln und die Teigstücke nacheinander auf einer bemehlten Arbeitsplatte zu ca. 2 cm dicken Rollen formen. Diese in 4–5 cm lange Stücke schneiden, zu Kipferln formen und auf das Backblech setzen.

5. Die Kekse im vorgeheizten Backofen in 12–15 Minuten goldbraun backen. Herausnehmen und abkühlen lassen. Danach in Puderzucker wälzen.

SO GEHT'S AUCH | AUSSTECHEN Verwendet man feine Haferflocken statt der groben, dann lässt sich der Teig auch gut ausrollen und mit verschiedenen Formen ausstechen.

CANTUCCINI
meine Lieblingskekse

DIE KNUSPRIGE ITALIENISCHE SPEZIALITÄT SCHMECKT NICHT NUR ZU ESPRESSO, SONDERN PASST AUCH GUT ZU EINEM GLAS SÜSSWEIN.

Zutaten für ca. 40 Kekse

- 175 g Dinkelvollkornmehl
- 75 g Dinkelmehl Typ 630
- ½ Päckchen Weinstein-Backpulver
- 100 g weiche ungehärtete Pflanzenmargarine
- 175 g unraffinierter Rohrohrzucker
- 25 g Pfeilwurzelstärke
- 50 ml Pflanzenmilch (vorzugsweise Mandelmilch)
- 2 geh. EL Kokosmehl
- 2 EL Ahornsirup
- 1 Msp. Meersalz
- Mark von 1 Vanilleschote oder 1 TL Vanillepulver
- ½ TL Zimtpulver
- 150 g Mandeln

Zeitbedarf
- 30 Minuten
- 65 Minuten backen

So geht's

1. Das Dinkelmehl in einer Schüssel mit Backpulver, der in Stücke geschnittenen Pflanzenmargarine und dem Rohrohrzucker vermengen. Das Pfeilwurzelmehl in Mandelmilch verrühren und dazugeben. Dann das Kokosmehl, den Ahornsirup, Meersalz, ausgeschabtes Vanillemark oder Vanillepulver, Zimt und die ganzen Mandeln dazugeben und gut miteinander verkneten.

2. Ein Backblech einfetten oder mit Backpapier auslegen. Den Backofen auf 180 °C (Umluft 160 °C) vorheizen.

3. Den Teig teilen und zu 4 Stangen formen (ca. 4 cm breit und 20 cm lang). Im vorgeheizten Backofen auf der unteren Schiene in ca. 30 Minuten goldbraun backen. Das Blech herausnehmen und die Backofentemperatur auf 160 °C (Umluft 140 °C) reduzieren.

4. Die Stangen nach dem Backen kurz abkühlen lassen, dann noch warm mit einem scharfen Messer in je ca. 20 Stücke schneiden. Die Scheiben auf das Blech legen und nochmals ca. 30 Minuten (von beiden Seiten je 15 Minuten) im Backofen trocknen lassen. Auskühlen lassen und in einer Blechdose aufbewahren. Die harten, kusprigen Cantuccini sind lange haltbar.

SO SCHMECKT'S AUCH | NÜSSE Statt der klassischen Mandeln kann man auch andere Nüsse verwenden, wie z. B. Pistazien. Hier empfiehlt sich die Kombination aus Pistazien und Mandeln zu gleichen Teilen. Gut lässt sich auch ein Teil der Mandeln durch klein geschnittene Trockenfrüchte, z. B. Aprikosen, ersetzen. Für eine optische Abwechslung sorgt 1 EL Kakaopulver, der unter den Teig geknetet wird und besonders gut mit Walnüssen oder Paranüssen harmoniert.

POWER BALLS
kernig & fruchtig

GESÜNDER NASCHEN IST KAUM MÖGLICH! DIE KLEINEN ENERGIEBOMBEN, DIE IM BACKOFEN ODER IM SOMMER AUCH AN DER SONNE GETROCKNET WERDEN, SCHMECKEN UMWERFEND GUT UND ENTHALTEN NOCH ALLE VITALSTOFFE.

CRANBERRY-HAFER-BALLS

2 getr. Feigen, 50 g getr. Datteln, 50 g getr. Cranberrys, 200 ml warmes Wasser, 150 g feine Haferflocken, 100 g geh. Haselnüsse, 1 EL Kokosmehl, 1 Msp. Zimtpulver, 1 Msp. Vanillepulver, ca. 25 g Kakaopulver zum Wälzen

So geht's: Die getrockneten Feigen und Datteln grob zerkleinern und zusammen mit den Cranberrys in 200 ml warmem Wasser 60 Minuten quellen lassen. Die eingeweichten Trockenfrüchte danach mit dem Einweichwasser in ein hohes Gefäß geben und mit einem Mixstab pürieren. Die Haferflocken, die Haselnüsse, das Kokosmehl, Zimtpulver und Vanillepulver dazugeben und mit dem Pürierstab vermischen. Aus der Masse mit den Händen ca. 20 kleine Bällchen formen und im Kakaopulver wälzen. Im vorgeheizten Backofen bei 50 °C ca. 30 Minuten trocknen lassen.

APRIKOSEN-KOKOS-BALLS

100 g getr. Aprikosen, 50 g getr. Datteln, 200 ml warmes Wasser, 100 g Cashewbruch, 50 g Pekannüsse, 100 g feine Reisflocken, 25 g gekeimte Braunhirse, 3 EL Kokosflocken, 1 TL Macha-Pulver, ca. 50 g Kokosflocken zum Wälzen

So geht's: Die getrockneten Aprikosen und Datteln grob klein schneiden und in 200 ml warmem Wasser 60 Minuten quellen lassen. Danach die eingeweichten Trockenfrüchte mit dem Einweichwasser in ein hohes Gefäß geben. Den Cashewbruch und die Pekannüsse dazugeben und alles mit dem Mixstab pürieren. Zum Schluss die Reisflocken, die Braunhirse, die Kokosflocken und das Macha-Pulver unterziehen. Aus der Masse mit den Händen ca. 20 kleine Bällchen formen und in den Kokosraspeln wälzen. Im vorgeheizten Backofen bei 50 °C ca. 30 Minuten trocknen lassen.

AMARANTH-QUINOA-BALLS

100 g getr. Pflaumen, 50 g getr. Aprikosen, 200 ml warmes Wasser, 50 g Walnüsse, 50 g Haselnüsse, 50 g Paranüsse, 50 g rote Quinoa, 150 g gepuffter Amaranth, 2 EL Kokosblütenzucker, 1 EL Ahornsirup, 1 Msp. Kardamom

So geht's: Die getrockneten Pflaumen und Aprikosen grob klein schneiden und in 200 ml warmem Wasser 60 Minuten quellen lassen. Danach die eingeweichten Trockenfrüchte mit dem Einweichwasser in ein hohes Gefäß geben. Die Walnüsse, Haselnüsse und Paranüsse grob zerkleinern und dazugeben. Alles mit dem Mixstab pürieren. Die Quinoa in einer kleinen Pfanne ohne Fett anrösten, danach in einer Mohnmühle mahlen und ebenfalls zur Früchte-Nuss-Mischung geben. 100 g gepufften Amaranth und den Kokosblütenzucker unterziehen und mit Ahornsirup und Kardamom würzen. Aus der Masse mit den Händen ca. 30 kleine Bällchen formen und im restlichen gepufften Amaranth wälzen. Die Bällchen im vorgeheizten Backofen bei 50 °C ca. 30 Minuten trocknen lassen.

DATTEL-SESAM-BALLS

100 g getr. Datteln, 50 g getr. Feigen, 200 ml warmes Wasser, 100 g Mandeln, 50 g Pekannüsse, 100 g ungeschälter Sesam, 2 EL Ahornsirup, 120 g feine Dinkelflocken, 1 Msp. Zimtpulver

So geht's: Die getrockneten Datteln und Feigen grob klein schneiden und in 200 ml warmem Wasser 60 Minuten quellen lassen. Danach die eingeweichten Trockenfrüchte mit dem Einweichwasser in ein hohes Gefäß geben. Mandeln und Pekanüsse grob zerkleinern, zu den Trockenfrüchten geben und mit dem Mixstab pürieren. Den Sesam in einer kleinen Pfanne ohne Fett anrösten, bis er zu duften beginnt. 50 g Sesam, den Ahornsirup und die Dinkelflocken zu der Früchte-Nuss-Mischung geben und gut unterziehen. Mit Zimt würzen. Aus der Masse mit den Händen ca. 24 kleine Bällchen formen und im restlichen angerösteten Sesam wälzen. Die Bällchen im Backofen bei 50 °C ca. 30 Minuten trocknen lassen.

SO gelingt's SICHER

[a+b] KEKSE AUSSTECHEN Den Teig ausrollen und mit einem runden Ausstecher – es kann auch ein Glas sein – ausstechen. Den Glücks-Stempel leicht mit Mehl bestäuben und in die ausgestochenen Teigkreise drücken.

[a]

[b]

GLÜCKSKEKS
mit Kakao & Vanille

KAKAO UND VANILLE ENTHALTEN BOTENSTOFFE, WELCHE DIE ENDORPHINPRODUKTION IM KÖRPER ANREGEN UND TATSÄCHLICH GLÜCKGEFÜHLE AUSLÖSEN KÖNNEN!

Zutaten für ca. 40 Kekse

- 250 g Dinkelmehl Typ 1050
- 100 g gem. Mandeln
- ½ Päckchen Weinstein-Backpulver
- 150 g Rohrohrzucker
- 150 g weiche ungehärtete Pflanzenmargarine
- 2 geh. EL Kokosmehl
- 3 geh. EL Kakaopulver
- 150 ml Sojasahne
- Mark von 1 Vanilleschote
- 1 Msp. Meersalz

Zeitbedarf
- 20 Minuten
- 60 Minuten ruhen
- 25 Minuten backen

So geht's

1. Das Dinkelmehl in einer Schüssel mit den gemahlenen Mandeln, dem Backpulver und dem Rohrohrzucker vermengen. Die Pflanzenmargarine in kleinen Stückchen dazugeben, mit Kokosmehl, Kakaopulver, Sojasahne, ausgeschabtem Vanillemark und Meersalz zu einem geschmeidigen Teig verkneten. Den Teig zugedeckt 60 Minuten im Kühlschrank ruhen lassen. Wenn es schnell gehen soll, reichen auch 30 Minuten aus, um ein gutes Backergebnis zu erhalten.

2. Ein Backblech einfetten oder mit Backpapier auslegen. Den Backofen auf 180 °C (Umluft 160 °C) vorheizen.

3. Den Teig aus dem Kühlschrank nehmen und auf der bemehlten Arbeitsfläche zu einer Platte von 0,5 bis max. 0,8 cm Stärke ausrollen. Mit dem Glücks-Stempel runde Kekse ausstechen [→a+b] und auf das Backblech setzen.

4. Die Kekse im vorgeheizten Backofen auf der unteren Schiene in ca. 25 Minuten goldbraun backen. Die gebackenen Glückskekse auf dem Blech abkühlen lassen, da sie in warmem Zustand leicht brechen können.

> *»Nur wenn wir uns eine bessere Welt vorstellen können, werden wir sie letztendlich auch erschaffen.«*
>
> MUHAMMAD YUNUS

AB JETZT VEGAN?
Einen Anfang setzen

OHNE ZWEIFEL HAT DIE VEGANE ERNÄHRUNGSWEISE UND DIE OFT DAMIT VERBUNDENE LEBENSPHILOSOPHIE IN DER HEUTIGEN ZEIT VORBILDCHARAKTER, UND ZWAR SOWOHL AUS ETHISCHEN UND ÖKOLOGISCHEN ALS AUCH AUS GESUNDHEITLICHEN GRÜNDEN.

Das wesentliche Argument spiegelt sich jedoch in der ethischen Grundhaltung wider, in deren Mittelpunkt ebenso wie bei der vegetarischen Idee die Achtung vor der Schöpfung und vor jedem einzelnen Lebewesen steht.

Darüber hinaus symbolisiert die vegane Lebensweise wie keine andere Weltanschauung das sogenannte Downsizing und die freiwillige Reduktion auf das Wesentliche, was gleichzeitig den persönlichen Grad der Eigenverantwortlichkeit widerspiegelt. Dieser ist mittlerweile messbar und drückt sich in unserem Carbon Footprint aus, unserem individuell hinterlassenen CO_2-Fußabdruck, für den uns unsere nachfolgenden Generationen achten oder verfluchen werden. Wer sich vegan ernährt, erzeugt durch seine Nachfrage nur einen Bruchteil der durch die Tiermast und Milchproduktion weltweit entstehenden Treibhausgase, die mittlerweile mehr ausmachen als der gesamte globale Verkehr! Und nicht nur das: ohne Fleischproduktion wäre die Luft sauberer, unsere Böden und unser Trinkwasser weniger belastet. Für die globale Tierfutterproduktion werden Jahr für Jahr exorbitante Mengen an chemischen Spritz- und Düngemitteln erforderlich, die unaufhaltsam in Richtung unserer letzten Grundwasserreserven sickern – und das nur für einen kleinen Teil der Weltbevölkerung, denn über die Hälfte der Menschheit lebt bereits unfreiwillig vegan von einer Handvoll Reis pro Tag oder weniger.

Freiwillig vegan zu leben ist ohne Frage eine vorbildliche Haltung nicht nur aus ethischer, sondern ebenso aus kosmopolitischer und sozialer Sicht, die jedoch nicht für jeden sofort realisierbar scheint. So haben sich aus der ursprünglich rein vegetarischen Pflanzenkost abgeschwächte Unterformen entwickelt: Die „Lakto-Vegetarier", die auch Milchprodukte essen, und die „Ovo-Lakto-Vegetarier", die zusätzlich noch Eier für sich akzeptieren. Zahlreiche andere Unterarten – auch strengere wie die Rohköstler und Frutarier – sind daraus hervorgegangen, sodass Vegetarismus zum übergeordneten Begriff geworden ist. „Den Tieren ist es egal, aus welchen Gründen sie nicht mehr leiden und im Schlachthof sterben müssen" lautet der alte Vegetarierspruch, der das Kernargument auf den Punkt bringt.

Die vegane Ernährungsweise lehnt Eier und Milchprodukte sowie alle Produkte, die von Tieren stammen, vollständig ab. Bei Eiern ist mittlerweile bekannt, dass trotz Auslauf für Legehennen eine Produktion von Eiern ohne zu töten nicht möglich ist, da neben den zahlreichen Grausamkeiten bei der „Legehennen-Produktion" die männlichen Küken sofort nach dem Schlüpfen getötet werden. Für die Erzeugung von Milch und Milchprodukten ist es unvermeidbar, dass die Kühe ihr ganzes Dasein – mit sehr kurzen Ausnahmen – unaufhörlich schwanger werden müssen, um überhaupt Milch geben zu können. Die weiblichen Kälbchen werden den Milchkühen meist schon nach wenigen Tagen weggenommen, da die Milch ja für den Menschen bestimmt ist und nicht für sie. Die männlichen Kälbchen landen nach nur zehn Wochen Mastzeit nicht mehr erkennbar und schön verpackt in den hell ausgeleuchteten Supermarktregalen. Dieser Kreislauf ist bei Bio-Produkten unbestritten artgerechter und mit deutlich weniger Leid für die Tiere verbunden, im Kernansatz ist er jedoch identisch, da humanes Töten nicht möglich ist. Doch dies bleibt den meisten Menschen verborgen, da die unangenehmen Furcht einflößenden Handgriffe längst hinter den Mauern der Schlachthöfe erledigt wurden. Um Fleisch zu essen, muss heute niemand mehr selbst das Messer anlegen, es kann ganz einfach in Folie eingeschweißt wie die Tageszeitung gekauft werden.

Wir alle sind nicht als Veganer zur Welt gekommen, sondern in einen Kulturkreis hineingeboren worden, in dem es selbstverständlich ist, Fleisch und Wurst zu essen und Milch zu trinken. Der weitaus überwiegende Teil unserer Bevölkerung hat sich dazu kaum jemals Gedanken gemacht. Wer weiß schon, dass der Mensch das einzige Lebewesen auf der Erde ist, das artfremde Milch trinkt, und das auch noch sein ganzes Leben lang, oder dass alle kleinen Kinder sofort anfangen zu schreien, wenn sie Blut fließen sehen? Dennoch hat jeder Mensch seine eigene Geschwindigkeit, in der er Erfahrungen realisiert und Konsequenzen daraus zieht. Es ist ein Gebot des Lebens, dass wir uns gegenseitig respektieren und nicht verurteilen, weil der eine noch Fleisch isst oder der andere immer noch versteckte Milchprodukte akzeptiert.

Dürfte ich als Veganer überhaupt noch Auto fahren? Schließlich sterben, nur weil ich mich von A nach B bewege – insbesondere in der warmen Jahreszeit –, dadurch unzählige Insekten, wunderschöne Schmetterlinge, Bienen und andere Kleintiere. Doch auch ohne Auto ist Leben ohne zu töten nicht möglich. „Wie könnte ich jemals barfuß über die Wiese schreiten, wenn unter meinen Füßen unzählige Klein- und Kleinstlebewesen zerdrückt werden würden?", fragt schon der indische Dichter Rabindranath Tagore. Leben ist nur durch den unendlichen immer wiederkehrenden Kreislauf von Leben und Tod möglich und alles Vergehende bildet gleichzeitig wieder die Basis für neues Leben.

Fleischesser bringen daher gern das Argument mit dem Tiger, der ja auch Antilopen frisst, was ganz natürlich sei. In der Tat könnte der Tiger sich nicht vegan ernähren – der Mensch sehr wohl, und genau darin liegt der Unterschied. Der Tiger braucht die Antilopen, um zu überleben, der Mensch braucht für sein eigenes Überleben und sein Glück keine Tiere zu töten und braucht zur Gesunderhaltung seines Körpers auch keine Milchprodukte und Eier. Im Gegenteil: neuesten Studien zufolge ist eine der Hauptursachen sehr vieler Zivilisationserkrankungen eine mangelhafte und falsche Ernährungsweise. So konnte in unterschiedlichen Einzelstudien, die in der größten Ernährungsstudie des Jahrhunderts, der China Study, gesammelt wurden, belegt werden, dass artfremdes Eiweiß in Form von Milchprodukten eine kanzerogene Eigenschaft besitzt, während im Umkehrschluss eine vegane Kost sogar bei vielen Krebsarten die Heilungschancen um 80% erhöhen kann.

Eine vegane Ernährungsweise ist also auch aus gesundheitlichen Gründen sehr empfehlenswert.

VEGANE ERNÄHRUNGSWEISE

Allerdings nur dann, wenn sie nicht blind, sondern bewusst umgesetzt wird und auf der Basis vollwertiger Zutaten aus kontrolliert biologischem Anbau erfolgt. Nur Kuhmilch durch Sojamilch zu ersetzen reicht nicht aus und ist nicht zu empfehlen, denn Soja ist für viele Europäer ungewohnt und nicht immer gut verträglich – insbesondere, wenn es vorher gar nicht und dann in kurzer Zeit gleich in größeren Mengen genossen wird. Dies kann ganz leicht unbemerkt geschehen, da neben Sojamilch in vielen sogenannten pflanzlichen Ersatzprodukten Soja als Hauptzutat enthalten ist. Als Ausnahme gelten die fermentierten Sojaprodukte Miso und Tamari, die in der makrobiotischen Küche sehr viel Verwendung finden und nicht nur gut verträglich, sondern zudem auch noch sehr gesund sind.

Aus einem anderen noch schwerwiegenderen Grund ist vegan nicht genug. Soja zählt neben Kartoffeln und Mais zu den Pflanzen, die – wenn sie nicht aus kontrolliertem Bio-Anbau sind – zu 90% mit gentechnisch veränderten Pflanzen vermischt wurden. Diese Strategie haben sich die großen amerikanischen Saatgutkonzerne ausgedacht, um die ablehnende Haltung der Europäer und Deutschen gegen ihre gentechnisch veränderten Nahrungsmittel zu unterwandern. Wenn wir nicht auf den Ursprung der Lebensmittel und deren Qualität achten, sondern nur auf die rein pflanzlichen Inhaltsstoffe fixiert sind, werden wir mit Soja, Pommes und Chips zu Versuchskaninchen der Genindustrie und sind schon morgen die veganen Sklaven von Monsanto. Bedauerlicherweise gibt es innerhalb der veganen Bewegung auch einen Trend, tierische Produkte bedenkenlos durch pflanzliche zu ersetzen – auch wenn sie gentechnisch verändert wurden. Viele Menschen merken dies nicht einmal, da es die Regierung bis heute nicht geschafft hat, eine sinnvolle allgemein verständliche Novellierung der Lebensmitteldeklaration umzusetzen, an der auch Kunden, die das Kleingedruckte nicht lesen, sofort erkennen können, ob ein Nahrungsmittel gentechnisch verändert wurde oder nicht.

Kernansatz der vegetarischen wie der veganen Ernährung ist die Vermeidung von Leid. Und dazu gehört auch das Leid, das durch den extensiven konventionellen Anbau wie Genanbau von Pflanzen für die vegane Kost entsteht. Denn dadurch leiden oder sterben nicht nur Tiere, sondern auch Menschen, wenn indigene Völker zwangsumgesiedelt werden oder ihnen einfach die Lebensgrundlage entzogen wird, weil ihr Trinkwasser mit Chemikalien verseucht wurde.

So erstrebenswert die vegane Ernährungsweise ist, wirklich vorbildlich wird sie nach meiner Überzeugung erst unter Beachtung der Herkunft und Anbauweise unserer Lebensmittel unter Berücksichtigung der Hersteller. Regional erzeugte Lebensmittel möglichst aus zertifiziertem Bio-Anbau von kleinen und mittelständischen Unternehmen sind konventioneller Nahrung – von Großkonzernen produziert – unbedingt vorzuziehen.

Wer weder vegetarisch noch vegan lebt, kann sich mit einem einfachen Motto, das ein vorbildliches Naturkost-Unternehmen ins Leben gerufen hat, selbst motivieren: „Jedes Essen zählt!" Es reduziert Leid bei den Tieren, hilft der Natur und uns allen durch CO_2-Einsparung und hilft vor allem einem selbst; denn eine pflanzliche Ernährung ist leicht und – köstlich zubereitet – stimmungsaufhellend und gibt Power. Und wer gern etwas weniger wiegen möchte – und das ist statisch gesehen in Deutschland jeder Zweite – wird überrascht sein, wie sich das eigene Körpergewicht durch eine vegane Kost mit viel frischem Bio-Obst und Gemüse schon in kurzer Zeit von allein reguliert, und zwar ohne zu hungern und zudem richtig gesund. Es ist ein wirklich erleichterndes, starkes Gefühl, versucht es einmal!

BESONDERE ZUTATEN
in der veganen Küche

STATT MILCH, KÄSE UND EIERN GIBT ES IN DER VEGANEN KÜCHE EINIGE ZUTATEN, DIE VIELLEICHT NOCH NICHT JEDER KENNT, DIE ABER BEIM REIN PFLANZLICHEN BACKEN UND KOCHEN SEHR HILFREICH SEIN KÖNNEN.

In meinen Rezepten verwende ich keine reinen Ersatzprodukte, wie beispielsweise „Ei-Ersatz", „Mayonnaise-Ersatz" etc., die im Biofachhandel und ausgesuchten Supermärkten zu finden sind. Ich setze am liebsten Zutaten ein, die möglichst natürlich sind und ähnliche Eigenschaften haben wie Milch, Käse und Eier. Die Produkte sind nach Gruppen wie folgt aufgeteilt.

STATT MILCH & SAHNE

Pflanzenmilch Für Kuhmilch gibt es mittlerweile eine Vielzahl von pflanzlichen Alternativen: Sojamilch, Reismilch, Dinkelmilch, Mandelmilch, Haselnussmilch und Kokosmilch. Die aus Pflanzen gewonnene „Pflanzenmilch" darf im Handel aus markenschutzrechtlichen Gründen nicht als Milch bezeichnet werden, sondern ist unter „Drinks" zu finden. Diese pflanzlichen Alternativen eignen sich hervorragend für die vegane Küche und Bäckerei. Sojamilch ist ein 1:1-Ersatz für Kuhmilch. Allerdings wird sie nicht von allen Menschen gut vertragen, weshalb ich sehr gerne Mandelmilch verwende, die einen leicht nussigen Geschmack hat und auch genauso weiß wie Kuhmilch ist. Wir haben auf Messen öfter Mandel-Cappuccino angeboten, ohne dass überhaupt bemerkt wurde, dass dieser rein vegan war. Am besten ist es, durch Probieren die Pflanzenmilch seiner Wahl zu entdecken. Aus Nüssen und Mandeln lässt sich auch ganz einfach selbst eine Pflanzenmilch mixen (siehe dazu das Rezept Mandelmilch auf Seite 107).

Pflanzliche Sahne Sie ist vor allem aus Soja, Reis und Hafer erhältlich und gibt Gebäck und Speisen einen cremigeren Geschmack. Einigermaßen gut aufschlagen lässt sich nur gekühlte Sojasahne, dies sollte auch auf der Verpackung so ausgelobt sein.

STATT QUARK

Tofu, der aus Sojabohnen gewonnen wird, ist hier zurzeit immer noch die beste Wahl. Im Biofachhandel wird normaler fester Tofu und sogenannter „Seidentofu" angeboten, der spürbar weicher ist und sich besonders für Cremes, Desserts und „Tofu-Rührei" eignet. Es lassen sich auch beide Tofu-Arten miteinander mischen. Ich verwende ihn gern für Käsekuchen, Pizzen, Aufläufe und Quiches.

Daneben gibt es auch **Soja-Joghurt**, der sich ähnlich verarbeiten lässt und in Kombination mit einem Verdickungsmittel auch fest wird. Neu ist auch ein sehr guter **veganer Sauerrahm**, erhältlich im Biofachhandel.

SOJAKÄSE

Veganer Streichkäse Relativ neu im Biofachhandel ist ein veganer Streichkäse, den es neutral und in zwei unterschiedlich gewürzten Sorten gibt. Er ist so gut gelungen, dass ein Unterschied zu den klassischen bekannten Streichkäse-Marken kaum noch wahrnehmbar ist. Er eignet sich besonders gut für Flammkuchen, Aufläufe und Quiches. Auch aus Cashewkernen ist ein neuer veganer Brotaufstrich auf den Biomarkt gekommen.

Veganer Käse Ersatz für „normalen" Käse, wie beispielsweise Scheibenkäse, ist auch schon erhältlich, meist allerdings nur in veganen Bioläden. Dieser vegane Käse ist etwas gewöhnungsbedürftig, schmeckt mit einer leckeren Paste oder Sesammus aber ganz gut. Der Hit allerdings ist er – für meinen Geschmack – leider noch nicht. Zum Überbacken, insbesondere bei Flammkuchen, empfiehlt es sich immer noch, einen eigenen wohlschmeckenden Käse aus Cashewkernen oder Tofu mit Gewürzen selbst herzustellen (siehe Rezepte Flammkuchen, Seite 87 oder Pizza, Seite 79).

WEIZEN-EIWEISS

Es ist auch als Seitan bekannt und mittlerweile schon ein Klassiker pflanzlicher Fleisch-Ersatzprodukte. Es wird, wie der Name bereits erahnen lässt, aus Weizen hergestellt und ist in großen Stücken im Glas erhältlich. Seit Jahren gibt es ein zunehmend größer werdendes Angebot an rein pflanzlichen Würstchen, Steaks, Bratlingen und vielem mehr. In meinen Rezepten habe ich sie als Schinken-Ersatz bei Flammkuchen eingesetzt.

BINDEMITTEL & EI-ERSATZ

Agar-Agar Es ist ein aus Rotalgen hergestelltes rein pflanzliches Geliermittel, das sich insbesondere für Tortengüsse, Puddings und Eiscremes eignet. Agar-Agar geliert erst in kaltem Zustand und gilt nach wie vor als der klassische Gelatine-Ersatz.

Guarkernmehl Das pflanzliche Verdickungsmittel wird aus den Samen der aus Asien stammenden Guarpflanze gewonnen. Es eignet sich bestens zum Andicken von Suppen und Saucen, aber auch von Glasuren. Ich verwende es gern als Bindemittel in Rührteigen.

Pfeilwurzelstärke Das in Brasilien beheimatete Knollengewächs hat stark bindende Eigenschaften. Die Pfeilwurzelstärke ist ein hervorragender Ei-Ersatz für feines Gebäck wie zum Beispiel eine Sachertorte.

REGISTER VON A–Z

A
Agar-Agar 153
Agavendicksaft 135
Ahornsirup 135
Amaranth-Quinoa-Balls 145
Apfelkuchen, gedeckt oder mit Streusel 108
Aprikosen-Ecken mit Mandeln 103
Aprikosen-Kokos-Balls 144
Aromen 52

B
Bagels 39
Baguette mit Urkorn 44
Bauernbrot mit Kümmel 62
Bio-Aromen 53
Bio-Produkte 13
Brot backen 19
Brötchen, Grundrezept 24
Brötchenkranz mit Kernen & Samen 29
Brotgewürze 52

C
Cantuccini 142
Cashew-Muffins mit Cranberrys 125
Ciabatta mit Oliven & Pinienkernen 47
Cranberry-Hafer-Balls 144
Croissants 36

D
Dattel-Sesam-Balls 145
Dinkel 16
Dinkelbrötchen 27
Dinkelbrötchen, helle (Variante) 27
Dinkelkrapfen mit Preiselbeeren 121
Dinkelstangen provençale 48
Dreikornbrot mit Quinoa 51

E
Emmer 16
Erdnusskekse 139

F
Flammkuchen ganz klassisch 89
Flammkuchen mediterran 88
Flammkuchen mit Süßkartoffel 89
Flammkuchen mit Urkorn gebacken 87
Flockenlaibchen 33
Focaccia mit Cocktailtomaten 92
Focaccia mit Oliven und getrockneten Tomaten (Variante) 92
Früchtebrötchen mit Datteln & Feigen 39
Früchtebrot (Variante) 75

G
Gärung 68
Gemüse-Quiche mit Brokkoli 82
Gerstenbrot mit Hanfsamen 65
Getreide 16
Getreidemühle 17
Gewürz-Aufguss 52
Gewürze 52
Gewürzlaib 54
Glückskekse mit Kakao & Vanille 147
Grissini 81
Guarkernmehl 153

H
Haferberge mit Kokos 137
Haferberge mit Korinthen 137
Haselnusskekse mit Zimt 133
Haselnusstaschen mit Dinkel 102

K
Kamut 16
Kamut-Bagels mit Mohn & Sesam 40
Käse, veganer 153
Käsekuchen mit Mohn 96
Käsekuchen mit Früchten (Variante) 96
Knäckebrot mit Sesam 58
Knusperbrötchen 26
Knusperkipferl mit Tonkabohne 141
Kokosblütenzucker 135
Kokos-Muffins mit Limette 126

L
Landbrot mit Leinsamen 71
Linzertorte mit Himbeerkonfitüre 101

REGISTER

M
Mandelmilch 107
Mandelstollen mit Marzipan 119
Mandelstollen, klassisch (Variante) 119
Mandeltorte mit Mango 116
Margarine 85
Meersalz 15
Mohnbrötchen mit Haselnüssen 26
Muffins 125–127

N
Nussbrot mit Mohn 75
Nüsse 107
Nussecken mit Schokolade 130
Nusskuchen mit Aprikosen & Rum 105

O
Obst-Törtchen mit frischen Beeren 111
Öle, kalt gepresste 85
Öle, raffinierte 84

P
Paprikatörtchen mit Basilikum 91
Paranuss-Muffins mit Tonkabohne 127
Pfeilwurzelstärke 153
Pflanzenmargarine, ungehärtete 85
Pflanzenmilch 152
Pistazienstangen mit geraspelten Möhren 30
Pizza funghi mit Oliven 79
Pizza rosso mit Pinienkernen 80
Pizzabrot 81
Power Balls 144

Q
Quinoa-Brot 57

R
Roggen 16
Roggen-Schrotling 66
Rohrohrzucker 134

S
Sachertorte 115
Sahne, pflanzliche 152
Salz 15
Sauerteig ansetzen 68
Sauerteig 68
Schoko-Muffins mit Haselnüssen 125
Scones 35
Seitan 153
Soja-Joghurt 152
Soja-Sahne 152
Sonnenblumenbrot 72
Spinattörtchen mit Pinienkernen 91
Steinsalz 15
Streichkäse, veganer 153
Studentenbrötchen (Variante) 39

T
Tarte au citron 112
Teig kneten 21
Tofu 152
Tofurella 79

U
Urkornbrötchen 33

V
Vanille 53
Vanillekipferl 141
Vanillin 53

vegane Ernährungsweise 148
Vollkorn 17
Vollrohrzucker 134
Vollwertkost 14

W
Walnussberge mit Quinoa 138
Walnuss-Herzen mit Vanille 133
Walnusstorte mit Ahornsirup 99
Weizen 16

Z
Zimt 53
Zitronentaler mit Maismehl 129
Orangentaler (Variante) 129
Zucker 134
Zucker, brauner 134
Zucker, weißer 134

THEMENREGISTER

BRÖTCHEN

Brötchen, Grundrezept 24
Brötchenkranz mit Kernen & Samen 29
Croissants 36
Dinkelbrötchen 27
Dinkelbrötchen, helle (Variante) 27
Flockenlaibchen 33
Früchtebrötchen mit Datteln & Feigen 39
Kamut-Bagels mit Mohn & Sesam 40
Knusperbrötchen 26
Mohnbrötchen mit Haselnüssen 26
Pistazienstangen mit geraspelten Möhren 30
Scones 35
Studentenbrötchen (Variante) 39
Urkornbrötchen 33

LEICHTE BROTE AUS VOLLEM KORN

Baguette mit Urkorn 44
Ciabatta mit Oliven & Pinienkernen 47
Dinkelstangen provençale 48
Dreikornbrot mit Quinoa 51
Gewürzlaib 54
Knäckebrot mit Sesam 58
Quinoa-Brot 57

VOLLKORNBROTE

Bauernbrot mit Kümmel 62
Früchtebrot (Variante) 75
Gerstenbrot mit Hanfsamen 65
Landbrot mit Leinsamen 71
Nussbrot mit Mohn 75
Roggen-Schrotling 66
Sonnenblumenbrot 72

PIZZA, FLAMMKUCHEN & CO.

Flammkuchen ganz klassisch 89
Flammkuchen mediterran 88
Flammkuchen mit Süßkartoffel 89
Flammkuchen mit Urkorn gebacken 87
Focaccia mit Cocktailtomaten 92
Focaccia mit Oliven und getrockneten Tomaten (Variante) 92
Gemüse-Quiche mit Brokkoli 82
Grissini 81
Paprikatörtchen mit Basilikum 91
Pizza funghi mit Oliven 79
Pizza rosso mit Pinienkernen 80
Pizzabrot 81
Spinattörtchen mit Pinienkernen 91

KUCHEN & SÜSSES GEBÄCK

Apfelkuchen, gedeckt oder mit Streusel 108
Aprikosen-Ecken mit Mandeln 103
Dinkelkrapfen mit Preiselbeeren 121
Haselnusstaschen mit Dinkel 102
Käsekuchen mit Mohn 96
Käsekuchen mit Früchten (Variante) 96
Mandelstollen mit Marzipan 119
Mandelstollen, klassisch (Variante) 119
Nusskuchen mit Aprikosen & Rum 105

TORTEN & TÖRTCHEN

Linzertorte mit Himbeerkonfitüre 101
Mandeltorte mit Mango 116
Obst-Törtchen mit frischen Beeren 111
Sachertorte 115
Tarte au citron 112
Walnusstorte mit Ahornsirup 99

COOKIES & MUFFINS

Amaranth-Quinoa-Balls 145
Aprikosen-Kokos-Balls 144
Cantuccini 142
Cashew-Muffins mit Cranberrys 125
Cranberry-Hafer-Balls 144
Dattel-Sesam-Balls 145
Erdnusskekse 139
Glückskekse mit Kakao & Vanille 147
Haferberge mit Kokos 137
Haferberge mit Korinthen 137
Haselnusskekse mit Zimt 133
Knusperkipferl mit Tonkabohne 141
Kokos-Muffins mit Limette 126
Muffins 125–127
Nussecken mit Schokolade 130
Orangentaler (Variante) 129
Paranuss-Muffins mit Tonkabohne 127
Power Balls 144
Schoko-Muffins mit Haselnüssen 125
Vanillekipferl 141
Walnussberge mit Quinoa 138
Walnuss-Herzen mit Vanille 133
Zitronentaler mit Maismehl 129

WARENKUNDE

Agar-Agar 153
Agavendicksaft 135
Ahornsirup 135
Aromen 52
Bio-Aromen 53
Bio-Produkte 13
Dinkel 16
Emmer 16
Getreide 16
Gewürze 52
Guarkernmehl 153
Käse, veganer 153
Kokosblütenzucker 135
Mandelmilch 107
Nüsse 107
Öle, kalt gepresste 85
Öle, raffinierte 84
Pfeilwurzelstärke 153
Pflanzenmargarine, ungehärtete 85
Pflanzenmilch 152
Roggen 16
Rohrohrzucker 134
Sahne, pflanzliche 152
Salz 15
Sauerteig 68
Soja-Joghurt 152
Soja-Sahne 152
Streichkäse, veganer 153
Tofu 152
Vanille 53
Vollrohrzucker 134
Weizen 16
Weizeneiweiß (Seitan) 153
Zimt 53
Zucker 134

LITERATURANGABEN

T.C. Campbell, China Study. Die wissenschaftliche Begründung für eine vegane Ernährungsweise, Verlag Systemische Medizin, 2. Aufl., 2011

R. Dahlke, Peace Food. Wie der Verzicht auf Fleisch und Milch Körper und Seele heilt, GU 2011

K. Mosetter u.a., Zucker – der heimliche Killer. Wie wir krank und süchtig werden. Wie wir uns schützen, ohne auf Süßes zu verzichten, GU 2013

NATÜRLICH GUT: REZEPTE AUS

Cornelia Schinharl
Biokiste vegetarisch
144 Seiten, 99 Abbildungen, €/D 14,95

Gemüse tut gut! Ob aus der Kiste oder vom Wochenmarkt, jede Jahreszeit hat eine große Auswahl an Gemüse zu bieten. Von Dicke-Bohnen-Suppe mit Salatstreifen bis zu Pastinaken-Zwiebel-Gulasch. So geht gesunde, vegetarische Ernährung ganz einfach.

Meine Küchenschätze aus Natur und Garten
144 Seiten, 114 Abbildungen, €/D 14,99

So lassen sich die besten Zutaten aus Natur und Garten in Küchenschätze für den Vorrat verwandeln. Von Erdbeerkonfitüre und Zucchini-Relish über Brombeer-Senf und Bärlauchpesto bis Thymianöl und Steinpilzsalz. Die eingelegten, getrockneten und marinierten Kostbarkeiten verfeinern Gerichte, sind auch solo ein Hochgenuss und eignen sich hübsch verpackt als spontane Geschenke mit Pfiff.

kosmos.de

DEM GRÜNEN BEREICH

Cornelia Schinharl
Vegetarisch gut gekocht! Das Grundkochbuch
224 Seiten, 193 Abbildungen, €/D 19,95

Rezepte, die keine Wünsche offen lassen: Vom klassischen Gemüseauflauf bis zum originellen Limetten-Koriander-Pesto zeigt es das gesamte Spektrum vegetarischer und vegane Rezeptideen – für sichere Erfolgserlebnisse und viel Spaß beim Kochen.

WIR ♥ KOCHEN

AKTEURE & IMPRESSUM

Axel Meyer ist Autor zahlreicher Sachbücher im Bereich gesunder Ernährung, ganzheitlicher Lebensweise und Aromatherapie. Seit sein erstes Buch „Die Kunst des Backens" 1979 erschien, gilt er als Pionier der Naturkostbewegung in Deutschland. Das Vollkornbackbuch entwickelte sich zum Kultbuch einer ganzen Generation und gilt bereits heute als Klassiker in der Bio-Szene. Vom Bio-Korn führt ihn sein Weg zum Bio-Duft. Sein „Lexikon der Düfte" (12. überarbeitete Auflage 2013) gilt als ein Standardwerk der Aromatherapie. Die Arbeit, Erforschung und Beschreibung der aromatischen Pflanzen und den daraus gewonnenen reinen Naturdüften, war die Geburtsstunde der TAOASIS Natur Duft Manufaktur.

Axel Meyer versucht in all seinen Veröffentlichungen, das aus dem Gleichgewicht geratene Verhältnis von Mensch und Natur ins Gedächtnis zu rufen und aufzuzeigen, dass Umwelt- und Körperbewusstsein nicht voneinander zu trennen sind. Die vegetarische, mehr noch vegane Lebensweise ist hierzu ein wichtiger Baustein, der im Begriff ist, in der Mitte der Gesellschaft anzukommen.
www.axelmeyer.de

Anne Rogge und **Jan Jankovic** sind Diplom-Fotodesigner aus Düsseldorf. Gemeinsam führen sie das Fotostudio Rogge & Jankovic Fotografen mit den Schwerpunkten Food, Stills und Places. Für ihr Kochbuch „Herbst Winter Gemüse", ebenfalls im KOSMOS Verlag erschienen, wurde Anne Rogge 2008 in der Kategorie Fotografie mit dem Gourmand Cookbook Award ausgezeichnet. Gemeinsam haben sie für dieses Backbuch die veganen Köstlichkeiten in das richtige Licht gerückt. Und auch für das Foodstyling war das vielseitige Team verantwortlich.

DANKE
Dank gilt meiner Mutter, die mich schon als kleinen Jungen hat mitkneten lassen und mir gezeigt hat, wie einfach es geht, selbst etwas Leckeres zu backen. Ebenso gilt der Dank meinem Sohn Govinda, der mit dem „alten Backbuch" aufgewachsen ist und mich immer wieder motiviert hat, es doch noch einmal zeitgemäß neu aufzulegen. Besonderen Dank auch an Eva Eckstein, die mit unermüdlichem Einsatz alles koordiniert hat und ohne deren Geduld dieses Buch nicht so geworden wäre. Nicht weniger geduldig war meine liebste Susanna, die mich immer wieder motiviert und vor allem bei den süßen Rezepten tatkräftig und kreativ unterstützt hat, dafür ein ganz liebes Danke. Besonderer Dank gilt auch Anne Rogge und Jan Jankovic, welche die Fotos in ganz entspannter Atmosphäre aufgenommen und damit die Stimmung während des gemeinsamen Backens eingefangen haben.

Wir bedanken uns für die Unterstützung bei der Fotoproduktion bei:
KoMo GmbH, 64853 Otzberg-Lengfeld
www.frischmahlen.de

Mit 109 Farbfotos von Rogge & Jankovic Fotografen.

Umschlaggestaltung von Gramisci Editorialdesign, München, unter Verwendung zweier Fotos von Rogge & Jankovic Fotografen

Rezepte, Geling-Tipps, Infos zum KOSMOS-Kochbuch-Programm und vieles mehr unter
kosmos.de/kochen

Unser gesamtes lieferbares Programm und viele weitere Informationen zu unseren Büchern, Spielen, Experimentierkästen, DVDs, Autoren und Aktivitäten finden Sie unter **kosmos.de**

Gedruckt auf chlorfrei gebleichtem Papier

© 2014, Franckh-Kosmos Verlags-GmbH & Co. KG, Stuttgart
Alle Rechte vorbehalten
ISBN 978-3-440-14488-6
Projektleitung und Lektorat: Dr. Eva Eckstein
Gestaltungskonzept und Layout:
Gramisci Editorialdesign, München
Satz: Cordula Schaaf, Grafik-Design, München
Produktion: Eva Schmidt
Printed in Germany / Imprimé en Allemagne